Handbuch der digitalen Währungen

Bitcoin, Litecoin und 150 weitere Kryptowährungen im Überblick

Über den Autor:

Dr. Daniel Kerscher absolvierte eine Ausbildung zum Bankkaufmann und ein Studium der Politik- und Informationswissenschaft mit Promotion. Außerdem verfügt er über einen Abschluss in Wirtschaftsrecht und einen Master of Business Administration mit Schwerpunkt Finanzmanagement. Er beschäftigt sich seit vielen Jahren mit dem Finanzsystem sowie den digitalen Informationstechnologien und ist Autor des Buches „Bitcoin: Funktionsweise, Risiken und Chancen der digitalen Währung".

Daniel Kerscher

Handbuch der digitalen Währungen

Bitcoin, Litecoin und 150 weitere Kryptowährungen im Überblick

2., aktualisierte und überarbeitete Auflage

Impressum

Daniel Kerscher: Handbuch der digitalen Währungen. Bitcoin, Litecoin und 150 weitere Kryptowährungen im Überblick

ISBN: 978-3-9816017-6-3

1. Auflage 2014

2., aktualisierte und überarbeitete Auflage 2018

Copyright © 2018:
Kemacon UG (haftungsbeschränkt)
Sossauer Str. 30
84130 Dingolfing
info@kemacon.de

Coverbild: © promesaartstudio - stock.adobe.com

Herstellung und Druck: Siehe Eindruck auf der letzten Seite.

Bibliographische Information der Deutschen Nationalbibliothek: Die Deutsche Nationalbibliothek verzeichnet diese Publikation in der Deutschen Nationalbibliothek. Detaillierte bibliographische Daten sind im Internet über http://dnb.d-nb.de abrufbar.

Inhalt

Übersicht über die Kryptowährungen

Bedeutende Kryptowährungen

Kryptowährungen mit Proof-of-Work

Kryptowährungen mit Proof-of-Activity

Kryptowährungen mit Proof-of-Capacity

Kryptowährungen mit Proof-of-Importance

Kryptowährungen mit Initial Coin Offering

Vorwort

Nach der Finanzkrise, die mit dem Zusammenbruch der Investmentbank Lehman Brothers in den USA im September 2008 begonnen hat, wurden die bestehenden Finanz- und Währungssysteme von vielen Menschen zunehmend in Frage gestellt. Als Folge der Kritik an den etablierten Währungssystemen entstand mit Bitcoin die erste Kryptowährung als Alternative zu den bestehenden Geldsystemen. Kryptowährungen setzen auf eine Kombination von Kryptografie durch verschlüsselte Informationen in einem dezentralen digitalen Netzwerk, um ein neues Währungssystem zu schaffen. Ein Unterschied zu den traditionellen Währungen besteht in der digitalen Natur der Kryptowährungen. Es gibt keinen physischen Gegenpart und ebenso wenig gibt es eine zentrale Kontrollinstanz, wie etwa eine Zentralbank, die den Geldkreislauf kontrolliert und reguliert.

Was vor einigen Jahren als Nischenprojekt begann, ist inzwischen ein eigenes Ökosystem und ein aufstrebender Wirtschaftszweig geworden. Dieses Buch beschreibt die Grundlagen der Kryptowährungen und viele der neuen digitalen Währungen. Neben der ersten Kryptowährung, Bitcoin, werden weitere bedeutende Währungen vorgestellt. Außerdem werden weniger bekannte Kryptowährungen mit Entwicklungspotential aufgezeigt. Die Übersicht erhebt keinen Anspruch auf Vollständigkeit, denn das Universum der Kryptowährungen verändert sich ständig. Neue Währungen tauchen auf, während andere wegen mangelnder Unterstützung wieder verschwinden.

13

Was sind Kryptowährungen?

Grundsätzlich besteht jede Kryptowährung aus einem Set von Regeln in Form einer Software zur Erzeugung und Verwaltung von Geldeinheiten und zur Abwicklung von Zahlungen zwischen den Nutzern. Es handelt sich um ein digitales Zahlungssystem in einem Netzwerk mit virtuellem Geld und kryptografischen Funktionen. Die Kryptografie, die Wissenschaft der Verschlüsselung von Informationen, ist von fundamentaler Bedeutung für die digitalen Währungen. Deshalb ist in diesem Zusammenhang häufig von Kryptowährungen die Rede. Allerdings ist die Bezeichnung Kryptowährung nicht korrekt, denn eigentlich beschreibt der Terminus Währung die Systematik und Ordnung des gesamten Geldwesens eines Staates. Bei Kryptowährungen handelt es sich aber um privat geschöpftes Geld ohne staatliche Regulierung. In den USA, wo viele Kryptowährungen entstanden sind, hat sich jedoch der Begriff *cryptocurrency* durchgesetzt, sodass auch im Folgenden der Ausdruck Kryptowährung verwendet wird.

Kryptowährungen setzen sich aus einer elektronischen Kette von Signaturen zusammen. Diese Signaturen sind mit elektronischen Informationen verknüpfte Daten, mit denen sich ein Signaturersteller wie mit einer eigenhändig geleisteten Unterschrift identifizieren lässt und mit denen die Integrität der signierten elektronischen Informationen überprüft werden kann. Im Gegensatz zu normalen digitalen Dateien, die beliebig kopiert oder verändert werden können, verhindert die Verwendung kryptografischer Verfahren dies bei den Kryptowährungen. Mithilfe einer asymmetrischen kryptografischen Methode sowie der digitalen Signaturen ist es praktisch unmöglich, Bitcoin und die anderen Kryptowährungen zu fälschen. Die Verwendung der Signaturen wird im Kapitel „Kryptografie" (S. 43) ausführlicher beschrieben.

Kryptowährungen sind dezentrale und weitgehend anonyme Online-Währungen, die weder durch eine Regierung noch durch eine zentrale Organisation kontrolliert oder reguliert werden und die auch nicht durch Gold oder andere werthaltige Gegenstände gedeckt sind. Die erste dieser Währungen war Bitcoin und obwohl der Namensbestandteil Coin (engl. *coin* = Münze) die Vermutung nahelegt, dass es sich um einzelne virtuelle Geldstücke handeln könnte, liegen nur digitale Informationen vor. Während reguläres Geld in der Regel über Banken oder bei direkten Transaktionen in bar ausgetauscht wird, werden Kryptowährungen durch ein sogenanntes Peer-to-Peer-Computernetzwerk transferiert. Das Netzwerk wird durch alle Teilnehmer gebildet, die eine bestimmte Software installiert haben. Diese dient zur Verwaltung und zur Speicherung der Kryptowährung. Im Gegensatz zu Überweisungen im regulären Bankensystem, bei denen Name und Kontonummer des Empfängers bekannt sind, finden die Überweisungen in den Kryptonetzwerken weitgehend anonym für alle Beteiligten statt, da Sender und Empfänger nur durch einen mathematisch generierten Schlüssel aus Zahlen und Buchstaben miteinander in Verbindung treten. Die Funktionsweise der Software zur Verwaltung der Kryptowährungen wird im Kapitel „Die elektronische Geldbörse" (S. 48) genauer beschrieben.

Kryptowährungen werden in einem dezentralen Computernetzwerk erschaffen und durch eine Software verwaltet. Mit dieser Software lassen sich die einzelnen Währungseinheiten von einem

Nutzer auf den anderen übertragen. Die Übertragung erfolgt, ähnlich wie beim Online-Banking, durch Überweisungen bzw. Transaktionen, die von jedem Gerät vorgenommen werden können, das mit dem Internet verbunden ist. Dadurch sollen Kryptowährungen so einfach wie Bargeld zu handhaben sein und gleichzeitig die Flexibilität der elektronischen Überweisung garantieren. Jede Transaktion zwischen zwei Teilnehmern wird in einer im Netzwerk gespeicherten Datenbank aufgezeichnet und mit digitalen Signaturen versehen. Dadurch ist eine hohe Fälschungssicherheit gewährleistet. Die Datenbank enthält sämtliche Transaktionen, die im Netzwerk abgewickelt worden sind. Dadurch ist sichergestellt, dass die Währungseinheiten nicht zweimal ausgegeben werden können, indem sie an unterschiedliche Empfänger geschickt werden. Die meisten Kryptowährungen werden von den Nutzern direkt erzeugt und auch zwischen diesen gehandelt, denn es gibt keine zentrale Institution, wie etwa eine Zentralbank. Möglichkeiten zum Erwerb werden im Kapitel „Kauf von Kryptowährungen" (S. 53) genauer vorgestellt.

Kryptowährungen werden nicht nur digital übertragen, sie werden auch digital erzeugt, durch das sogenannte Mining. In diesem Prozess werden die Transaktionen, die die Teilnehmer des Netzwerkes vornehmen, in Blöcken zusammengefasst und durch mathematische Prozesse verifiziert. Diese Blöcke werden dann einem öffentlichen Protokoll hinzugefügt, in dem alle erfolgreichen Transaktionen verzeichnet sind. Das Intervall der Blockerzeugung, die Höhe der darin enthaltenen Beträge und die Gesamtmenge unterscheiden sich bei den einzelnen Währungen. Die Mining-Tätigkeit ist aufgrund ansteigender Schwierigkeitsgrade sehr komplex und erfordert technische Kenntnisse und eine große Rechenleistung. Für diesen Ressourceneinsatz erhalten die Miner, diejenigen, die Computer und Rechenleistung zur Verfügung stellen, eine Gegenleistung in Form von neu generierten digitalen Währungseinheiten. Reguläres Geld wird von den Zentralbanken im Prozess der Geldschöpfung geschaffen und dann über Banken dem Wirtschaftskreislauf zugeführt. Die meisten Kryptowährungen werden von den Nutzern erzeugt und befinden sich damit bereits bei den Teilnehmern des Währungssystems. Die Verfahren der digitalen Geldschöpfung werden im Kapitel „Herstellung von Kryptowährungen" (S. 64) beschrieben.

Die Funktionsweise von Geldsystemen

Obwohl Kryptowährungen als Alternative und letztlich als Nachfolger zu den bereits bestehenden Währungssystemen konzipiert worden sind, weisen sie Gemeinsamkeiten mit den etablierten Währungen auf und auch die grundlegende Funktion des Geldes wollen Kryptowährungen erfüllen. Geld wird seit jeher zur Vereinfachung des Austauschs von Waren und Dienstleistungen benutzt. Das ist der Sinn jedes Geldsystems, unabhängig von seiner Bezeichnung. In der heutigen Zeit findet ein Großteil der Geldtransaktionen bereits auf elektronischem Weg statt, aber vor der Digitalisierung waren Münzen und Scheine das gängigste Zahlungsmittel. Vor dem Gebrauch von Bargeld war es lange Zeit üblich mit Waren- oder Naturalgeld im Tauschhandel zu bezahlen.

Der Tauschhandel war praktisch, wenn beide Parteien jeweils das haben wollten, was der Tauschpartner anzubieten hatte. Der einstufige Tausch, Ware gegen Ware, schränkte aber viele Geschäfte stark ein, da nicht immer passende Gegenstände vorhanden waren, die beide Tauschpartner haben wollten. Oftmals mussten mehrere Tauschvorgänge zwischen unterschiedlichen Personen vorgenommen werden, um schließlich das gewünschte Gut zu erhalten. Obwohl der Tauschhandel noch lange Zeit verbreitet war, begann bereits sehr früh in der Menschheitsgeschichte die Nutzung von Geld. Im Laufe der Zeit wurde Geld aus Edelmetallen hergestellt, allen voran Gold und Silber, aber auch Bronze und Kupfer. Diese Metalle haben den Vorteil, dass sie schwer zu bekommen sind und deswegen nur in begrenzter Menge zur Verfügung stehen, wenig Lagerfläche benötigen, leicht teilbar sind und im Gegensatz zu Tieren oder Nahrungsmitteln auch nicht verderben.

Gold und Silber wurden aufgrund der höheren Nachfrage zur Münzprägung bei sinkendem Angebot durch zunehmend schwierigeren Abbau immer wertvoller. Viele Kryptowährungen setzen ebenfalls das Prinzip der immer schwierigeren Edelmetallgewinnung ein. Kurz nach der Einführung einer digitalen Währung ist es noch relativ leicht, neue Einheiten zu erzeugen, aber je mehr Menschen sich an der Erzeugung beteiligen, desto höher steigt der Schwierigkeitsgrad des Algorithmus und der Anteil des Einzelnen an den neu erzeugten Stücken sinkt.

In der Neuzeit waren lange Zeit Münzen aus Gold und Silber und später Scheine weit verbreitet. Nach dem Ende des Zweiten Weltkriegs wurden in Deutschland kurzzeitig auch Zigaretten als Geld akzeptiert. Auf einigen Inseln des Pazifiks wird heute noch mit Muscheln oder mit Steinscheiben, die ein Loch in der Mitte haben, bezahlt. Mittlerweile ist ein Großteil des Geldes aber nicht einmal mehr in Form von Münzen oder Scheinen vorhanden, sondern nur noch elektronisch als Guthaben auf Konten. Unabhängig von der Form ist im Allgemeinen also Geld, was als Geld gilt und als solches akzeptiert wird.

Völlig unabhängig davon, ob Geld in Form von Muscheln, Edelmetallen oder digitalem Giralgeld akzeptiert wird, weist es stets drei wichtige Funktionen auf.

1. Tausch- und Zahlungsmittel

Geld wird als Transfermittel benutzt, um den Austausch von Gütern und Dienstleistungen zu vereinfachen. Es ersetzt die zahlreichen Wechselbeziehungen zwischen einzelnen Gütern, die im reinen Tauschhandel notwendig sind. Dadurch wird der Warenaustausch erleichtert. Geld kann aber auch als Kredit vergeben und zur Begleichung von Schulden benutzt werden. Bei derartigen Transaktionen wird Geld dann als Zahlungsmittel benutzt. Um diese Funktion zu erfüllen, muss Geld bei allen Teilnehmern am Warenverkehr akzeptiert werden. Außerdem muss Geld fungibel sein. Diese Eigenschaft beschreibt die leichte Aus- und Umtauschbarkeit einer Ware. Fungible Werte werden nicht individuell, sondern der Gattung nach bestimmt und können durch andere Stücke gleicher Menge ersetzt werden. So sind beispielsweise zwei 100-Euro-Scheine beliebig austauschbar, da sie keine besonderen individuellen Merkmale besitzen, die einen Schein wertvoller machen als den anderen.

2. Recheneinheit

Die Einteilung von Geld in bestimmte Einheiten erlaubt es, Waren und Vermögenswerte in einer generellen Bezugsgröße auszudrücken. Dadurch lassen sich unterschiedliche Güter vergleichen und ihr Wert abschätzen. Geld dient dabei als Recheneinheit und als Maßstab zur Bewertung. Statt beispielsweise das Tauschverhältnis von Kartoffeln gegen Äpfel zu kennen, muss der Käufer lediglich den Preis von Kartoffeln und Äpfeln wissen. Er kann dadurch den Wert beider Güter abwägen und durch Geld gegeneinander tauschen. Um diese Funktion erfüllen zu können, muss Geld in ausreichende und praktikable Einheiten teilbar sein.

3. Wertspeicher

Beim direkten Tausch zweier Güter werden diese meist sofort gegeneinander ausgetauscht. Durch den Einsatz von Geld kann der Austausch von Waren auch zu unterschiedlichen Zeitpunkten erfolgen. Wenn etwas heute verkauft wird und mit dem Geld erst später wieder etwas gekauft wird, dann speichert das Geld den Wert der verkauften Güter und gibt diesen später wieder frei. Dieses Prinzip wird auch beim Sparen verfolgt. Der Sparer bewahrt den Wert seiner geleisteten Arbeit oder seines verkauften Gutes, indem er das Geld nicht sofort ausgibt, sondern den Wert später bei Bedarf wieder abruft. Um die Funktion des Wertaufbewahrungsmittels zu erfüllen, müssen Material und Wert des Geldes beständig sein. Damit ist neben der Wertstabilität auch die physische Stabilität des Geldes gegen jede Form der Zerstörung gemeint. Gutes Geld sollte widerstandsfähig und robust gegen Natureinwirkungen sein. Aus diesem Grund waren Edelmetalle lange Zeit die Grundlage jeglicher Währung.

Über viele Jahrhunderte hindurch war es normal, dass jede Währung einen intrinsischen Wert hatte. Das Geldstück an sich hatte einen Wert, weil es aus Gold und Silber hergestellt war. Gold und die anderen Edelmetalle waren selten und deshalb entsprechend begehrt. Egal, ob in der Antike, im Mittelalter oder in der frühen Neuzeit, immer gab es Gold- und Silbermünzen, die einen bestimmten Wert an sich hatten. So war es meist nebensächlich, woher die Münzen kamen oder wer sie geprägt hatte. Allein die Tatsache, dass die Münzen aus Gold oder Silber bestanden, machte sie als Zahlungsmittel wertvoll. So war es beispielsweise der spanische Peso im 17. und 18. Jahrhundert eine der wichtigsten Handelsmünzen der Welt. Er wurde in Spanien und den amerikanischen Kolonien in riesigen Mengen geprägt und war weltweit akzeptiert. Noch heute heißen die Währungen vieler lateinamerikanischer Länder Peso und selbst das Dollarsymbol $ stand ursprünglich für den spanisch-mexikanischen Peso und wurde später für den US-Dollar verwendet.

Mit dem Aufkommen von Papiergeld änderte sich die Verbreitung von Gold- und Silbermünzen. In China war das Papiergeld schon seit dem 11. Jahrhundert bekannt. Dort war es bereits 1402 wieder verboten worden, da es immer wieder ohne entsprechende Deckung gedruckt worden war, was zu heftigen Inflationsphasen geführt hatte. In Europa wurde das Papiergeld erst später gebräuchlich. Erstmals wurde Geld aus Papier 1483 in Spanien als Ersatz für fehlende Münzen eingesetzt. Ab 1609 gab die Bank von Amsterdam Papierscheine aus, achtete dabei aber immer auf die ausreichende Deckung durch Münzen. In Deutschland wurden erstmals 1705 in Köln Papierzettel als Banknoten herausgegeben. Das damals ausgegebene Papiergeld stellte eine Art Schuldschein dar. Die Unterzeichner garantierten, eine entsprechende Menge Gold zu besitzen und auf Verlangen gegen den Papierschein einzutauschen. Somit war es nicht mehr notwendig, einen Beutel Goldmünzen mit sich herumzutragen, denn es gab ein entsprechendes Dokument, das gegen die realen Münzen eingetauscht werden konnte.

Das Vertrauen in Papiergeld beruhte lange Zeit darauf, dass der Papierschein nur ein Wechsel war, der jederzeit in Münzgeld umgetauscht werden konnte. Dieses Vertrauen war durch ausreichende Bestände an Gold- und Silbermünzen in den Tresoren der Banken begründet. Mit der Zeit veränderte sich die Münzprägung und Lagerhaltung weg vom Silber, das in größeren Mengen vorkam und mehr Lagerplatz brauchte. Viele Länder setzten zur Deckung ihrer Währungen nur noch auf Gold. In Deutschland, Frankreich, Großbritannien, den USA und vielen anderen Ländern existierte seit dem 19. Jahrhundert der reine Goldstandard. Die im jeweiligen Land im Umlauf befindlichen Banknoten konnten ab einer bestimmten gesetzlich festgelegten Mindestsumme bei der Zentralbank in Gold umgetauscht werden. Die Aufgabe der Notenbanken bestand darin, die Höhe der Goldreserven des Landes durch Käufe und Verkäufe an die Zentralbanken anderer Länder in dem Umfang zu stabilisieren, dass die Bindung der Währung an den Goldstandard gesichert war. Dadurch sollte stets eine ausreichende Menge an Gold vorhanden sein, um die Deckung des zirkulierenden Papiergeldes gewährleisten zu können.

Mit der Gründung der amerikanischen Notenbank, das Federal Reserve System oder kurz Fed, im Jahr 1913 wurde das Einlöseversprechen des Papiergeldes in den USA gelockert. Es konnten nur noch 40 Prozent des aufgedruckten Wertes eines Geldscheins gegen Gold eingetauscht werden. Im Umkehrschluss konnte die amerikanische Regierung das Geldvolumen um 60 Prozent erhöhen, da ihr Goldvorrat nur noch 40 Prozent des Geldvolumens abdecken musste. Dies machte die Finanzierung des Ersten Weltkrieges wesentlich leichter. Die Kriegskosten zwangen auch viele andere Länder, den Goldstandard aufzugeben und mehr Papiergeld zu drucken als durch die eigenen Goldreserven gedeckt waren. Eine Rückkehr zum alten System goldgedeckter Währungen, die nach dem Ende des Ersten Weltkriegs vielfach gefordert wurde, verhinderte die schwere Weltwirtschaftskrise am Ende der 1920er Jahre.

Während der Weltwirtschaftskrise war die US-Regierung im Jahr 1934 gezwungen, den Dollar um 41 Prozent abzuwerten, indem sie den Preis einer Feinunze Gold (= 31,1 Gramm) von 20,67 Dollar auf 35 Dollar anhob. Dadurch stieg automatisch der Wert der amerikanischen Goldreserven um fast 70 Prozent, sodass die Goldvorräte das im Umlauf befindliche Bargeld wieder komplett abdeckten. Dadurch war der Dollar erneut vollständig durch Gold abgesichert, obwohl der Goldvorrat der USA nicht zugenommen hatte. 1944 wurde dann mit dem Abkommen von Bretton Woods, an dem 44 Staaten teilnahmen, darunter alle großen Industrienationen, der Goldstandard international festgeschrieben. Der Goldpreis wurde bei 35 Dollar je Feinunze fixiert und die Währungen aller Unterzeichnerstaaten wurden an den Dollar gekoppelt. Die Notenbanken verpflichteten sich zu einem System fester Wechselkurse mit engen Schwankungsbreiten, das sie durch Währungskäufe und -verkäufe unterstützen wollten. Alle Zentralbanken der teilnehmenden Länder waren anderen Zentralbanken gegenüber verpflichtet, Devisen gegen Gold zu einem festen Kurs von 35 Dollar pro Feinunze einzutauschen. Zur Überwachung und Kontrolle dieses Systems wurde der Internationale Währungsfonds (IWF) geschaffen.

Das Abkommen von Bretton Woods garantierte für mehrere Jahrzehnte einen festen Goldpreis und fixe Wechselkurse. Allerdings mussten die USA im Rahmen des Kalten Krieges nicht nur für viele Länder Wirtschafts- und Aufbauhilfe leisten, sondern auch die Kriege in Korea und Vietnam finanzieren. Die amerikanische Außenpolitik, die vielfältige Zahlungen an verbündete Staaten leistete, um diese für sich und gegen die Sowjetunion einzunehmen, hatte einen beständigen Dollarstrom aus den USA in andere Länder zur Folge.

Das System von Bretton Woods geriet deshalb zunehmend in Schieflage. Insbesondere Frankreichs Präsident Charles de Gaulle war gegenüber dem Dollar sehr misstrauisch. Frankreich begann deshalb verstärkt Dollar aufzukaufen und bei der US-Notenbank gegen Gold zu tauschen. 1966 wurden durchschnittlich zehn Tonnen Gold pro Woche von New York nach Paris transportiert. Ob der Transport per Flugzeug, Schiff oder U-Boot abgewickelt wurde, ist nicht bekannt, aber der Vorgang an sich war bereits ein außergewöhnliches Phänomen. Die Zentralbanken der anderen europäischen Länder begnügten sich damit, das durch Umtausch von Dollar erworbene Gold einfach in ihre bei der New Yorker Filiale der Fed reservierten Tresorräume schaffen zu lassen. Nur Frankreich bestand auf der Auslieferung realen Goldes. So ist es nicht verwunderlich, dass der Goldvorrat der USA in den 1960er Jahren kontinuierlich dahinschmolz und historische Tiefstände erreichte.

Anfang der 1970er Jahre konnten die USA ihre Verpflichtung, den Goldpreis bei 35 Dollar pro Unze zu halten, nicht mehr erfüllen. Das Land hatte nicht mehr genügend Gold, um all die weltweit zirkulierenden Dollar zu decken. 1971 kündigte deshalb Präsident Richard Nixon das Bretton-Woods-Abkommen, die Goldpreisbindung und das System fester Wechselkurse auf. Zukünftig sollten frei schwankende Wechselkurse den Wert der Währungen zueinander bestimmen. Dies führte in den folgenden Jahrzehnten zu Schwankungen zwischen den Währungen und schuf den Devisenmarkt in seiner heutigen Form mit volatilen Wechselkursen zwischen den einzelnen Währungen. Derzeit weist der weltweite Devisenmarkt ein tägliches Handelsvolumen von etwa fünf Billionen Dollar auf. Im Vergleich dazu ist das Volumen der weltweit pro Tag gehandelten Aktien mit etwa 300

Milliarden Dollar gering. Die international gebräuchlichen Reservewährungen US-Dollar, Euro, Japanischer Yen und Britisches Pfund sind die am meisten gehandelten Währungen am Devisenmarkt. Allein 28 Prozent des gesamten Handelsvolumens entfallen auf Transaktionen zwischen US-Dollar und Euro. Zu den wichtigsten Akteuren auf dem Devisenmarkt zählen neben Kreditinstituten, größeren Industrieunternehmen und privaten Devisenhändlern vor allem die Zentralbanken. Diese greifen bei Turbulenzen durch Devisenmarktinterventionen ein, um das Gleichgewicht zwischen den Währungen wiederherzustellen.

Auf dem Devisenmarkt werden Währungen in Paaren gehandelt, da immer eine Währung gegen eine andere getauscht wird. Es werden beispielsweise keine US-Dollar gekauft, sondern Euro gegen US-Dollar getauscht. Aus diesem Grund werden Währungskurse auch immer in Paaren angegeben, zum Beispiel EUR/USD 1,2517. Die erste Währung wird als Basiswährung bezeichnet, die zweite als Kurswährung. Bei einem Handel wird die Basiswährung, der Euro, gekauft und die Kurswährung, der US-Dollar, verkauft. Der jeweilige Kurswert gibt an, wie viel von der Kurswährung benötigt wird, um eine Einheit der Basiswährung zu erwerben. Für einen Euro sind 1,2517 US-Dollar zu zahlen. Die Währung, die erworben werden soll, steht dabei immer an der ersten Stelle, in diesem Fall also der Euro. Beim regulären Devisenmarkt erfolgt die Notierung meist bis zur vierten Nachkommastelle. Es gibt über 160 handelbare Währungen der verschiedenen Länder. Da theoretisch jedes Währungspaar handelbar ist, ergeben sich dadurch ca. 13.000 handelbare Kombinationen. In der Praxis sind es aber weit weniger Handelsmöglichkeiten, da etliche Währungen an den US-Dollar gebunden und nur über diesen handelbar sind.

Die grundlegenden Notierungsprinzipien des Devisenmarktes wurden auch für die Kryptowährungen übernommen. Viele Kryptowährungen haben ebenfalls eine Abkürzung aus drei Buchstaben, um Notierungen zu vereinfachen. Gemäß der SO4217, der von der Internationalen Organisation für Normung publizierten Norm für Währungsabkürzungen, sollen Währungen, die nicht von einem Einzelstaat herausgegeben werden, als ersten Buchstaben ein X führen, während die beiden folgenden Buchstaben den Namen der Währung angeben, der im internationalen Zahlungsverkehr zur eindeutigen Identifizierung benutzt werden soll. Während Bitcoin normgemäß mit XBT abgekürzt wird, haben die anderen digitalen Währungen meist ebenfalls eine Abkürzung aus drei Buchstaben, die sich aber nicht an die offizielle Norm hält. Auch Bitcoin wird mittlerweile oft mit BTC abgekürzt. Die Notierungen an den Kryptowährungsbörsen werden ebenfalls paarweise vorgenommen, aber die Anzahl der Nachkommastellen variiert je nach Wert der Währungen. Die Notierung BTC/USD 5.425,24 bedeutet, dass ein Bitcoin 5.425,24 US-Dollar kostet, während LTC/BTC 0,01086145 anzeigt, dass für einen Litecoin 0,01086145 Bitcoin zu bezahlen sind.

Die Notierungen der Kryptowährungen sind erst wenige Jahre alt, aber selbst der Devisenmarkt in seiner heutigen Form ist ein relativ junges Phänomen, das durch das Ende des Abkommens von Bretton Woods geschaffen wurde. Die Aufkündigung dieser Vereinbarung hatte einerseits einen freien Goldpreis und andererseits frei schwankende Wechselkurse zur Folge. Die bis dahin existierende Verbindung zwischen dem Goldpreis und den Währungen, die durch den fixen Goldpreis von 35 Dollar je Unze bestanden hatte, existiert seitdem nicht mehr. Dies führte dazu, dass die Währungen nicht mehr durch Gold gedeckt werden mussten und die Zentralbanken einfach Geld drucken konnten. Die Währungen der Länder wurden dadurch zu Fiat-Währungen (lat. *fiat* = es werde).

Der Begriff Fiat-Währung bezieht sich auf die fehlende Deckung der Währung durch reale Werte, denn eine Regierung oder eine Zentralbank hat bei einer Fiat-Währung einfach beschlossen, dass aus dem Nichts eine Währung entstehen soll, die nicht direkt durch Gold oder andere werthaltige Güter gedeckt ist. Es handelt sich um Fiat-Geld, das auf dem Vertrauen in die Kreditwürdigkeit eines Staates beruht. Die Regierungen finanzieren sich hauptsächlich über Steuereinnahmen. Die Bürger wiederum vertrauen darauf, dass das vom Staat ausgegebene Geld seine Funktionen als Zahlungsmittel, Recheneinheit und Wertspeicher erfüllen kann. Wie wenig Vertrauen bereits zu Beginn in die frei schwankenden Währungen bestand, zeigt der Goldpreis, der 1980, neun Jahre nach dem Ende des Abkommens von Bretton Woods, von 35 auf 850 Dollar je Feinunze gestiegen war. Dennoch ist das Vertrauen der Nutzer das Kernelement jeder Fiat-Währung, obwohl deren Geldmenge nicht begrenzt ist.

Die Ausweitung der Geldmenge durch die Zentralbanken, die auch als Geldschöpfung bezeichnet wird, kann entweder durch die Vergabe von Krediten an Geschäftsbanken oder den Ankauf von Wertpapieren erfolgen. In beiden Fällen wird den Geschäftsbanken Guthaben auf ihren Konten bei der Zentralbank gutgeschrieben, das sie jederzeit in Bargeld umtauschen können. Die von der Zentralbank geschaffene Geldbasis setzt sich demnach aus den umlaufenden Banknoten und Münzen sowie den Sichtguthaben der Geschäftsbanken bei der Zentralbank zusammen. Während sich die Menge des Bargelds nach dem Bargeldbedarf der Nichtbanken richtet, kann die Zentralbank die Menge der Sichtguthaben durch die Höhe des Leitzinses beeinflussen.

Senkt die Zentralbank diesen Zins, können die Banken ihrerseits gegenüber Unternehmen, privaten Haushalten und öffentlichen Auftraggebern günstigere Kredite anbieten. In der Regel gewährt die Bank einem Kunden einen Kredit und schreibt ihm den entsprechenden Betrag auf dessen Girokonto als Sichteinlage gut. Bei diesem Vorgang ist Buch- bzw. Giralgeld entstanden, da der Vorgang bargeldlos durch einen Buchungsvorgang abgewickelt worden ist. Die Bank muss bei der Kreditvergabe aber den Mindestreservesatz der Zentralbank beachten. Ein bestimmter, meist geringer Prozentsatz der Kreditsumme muss bei der Zentralbank als Reserve hinterlegt werden. Liegt die Mindestreserve beispielsweise bei einem Prozent, so müssen bei einer Kreditvergabe von 10.000 Euro 100 Euro als Mindestreserve bei der Zentralbank hinterlegt werden. Wenn ein Bankkunde den Kredit von 10.000 Euro beispielsweise für den Kauf eines Autos verwendet, wird der Betrag auf dem Konto des Verkäufers als Guthaben eingezahlt. Das Guthaben kann dann von der Bank als Mindestreserve für die Vergabe weiterer Kredite verwendet werden. Die 10.000 Euro können bei einem Mindestreservesatz von einem Prozent als Sicherheit für die Vergabe von Krediten über eine Million Euro dienen. Grundsätzlich gilt dabei, dass eine geringe Mindestreserve eine Erhöhung des Geldvolumens zur Folge hat, da die Banken bereits mit geringen Einlagen hohe Kreditsummen ausgeben können. Dies kann zu einer stärkeren Inflation führen.

Im Gegensatz zu den bestehenden Fiat-Geldsystemen, die ihrer Natur nach inflationär sind, setzen viele Kryptowährungen auf Deflation oder eine Inflation mit vorab festgelegten jährlichen

Steigerungsraten. Deflation bedeutet einen allgemeinen, signifikanten und anhaltenden Rückgang des Preisniveaus für Waren und Dienstleistungen. Durch eine zu geringe Geldmenge geht die Nachfrage zurück und trifft auf ein gleichbleibendes Angebot. Dadurch sinken die Preise, was wiederum die Deflation verstärkt, da sich die Konsumenten zurückhalten, in der Hoffnung auf weiter sinkende Preise. Viele digitale Währungen haben eine feste Obergrenze ihrer Gesamtmenge. Dadurch soll Inflation verhindert werden. Mit einer begrenzten Menge entsteht Deflation, da jeder einzelnen Einheit einer digitalen Währung ein immer größerer Wert zukommt. Die Begrenzung der Menge wird durch Verluste, die durch Hardwaredefekte oder vergessene Passwörter zur Guthabensicherung auftreten, noch verstärkt. Im Gegensatz zu vielen Passwörtern im Internet, die durch bestimmte Verfahren und Sicherheitsfragen wieder zurückgesetzt werden können, gibt es bei den digitalen Währungen meist keine Möglichkeit, Passwörter zurückzusetzen oder neu anzufordern. Deshalb haben einige Kryptowährungen eine automatische Inflation konzipiert, bei der die Menge pro Jahr um einen vorab festgelegten Prozentsatz zunimmt, um durch vergessene Passwörter und Hardwaredefekte verlorene Guthaben auszugleichen.

Neben diesem grundlegend anders ausgelegten Konzept der Deflation oder der regulierten Inflation greifen die Kryptowährungen auch Ideen der sogenannten Österreichischen Schule der Ökonomie auf. Damit ist ein bestimmter Zweig der Volkswirtschaftslehre gemeint, der durch österreichische Ökonomen wie Ludwig von Mises und Friedrich August von Hayek vertreten wird. Wesentliche Eckpunkte dieser Strömung der Volkswirtschaftslehre sind die Betrachtung der dynamischen Unsicherheit wirtschaftlicher Abläufe, die Bedeutung des einzelnen Menschen und seiner individuellen Vorlieben für die wirtschaftlichen Prozesse sowie eine gewisse Abneigung gegenüber der in vielen ökonomischen Theorien verbreiteten mathematischen Darstellungsform volkswirtschaftlicher Zusammenhänge.

Einer der bedeutendsten Vertreter der Österreichischen Schule war der Wirtschaftswissenschaftler Ludwig von Mises, der 1940 in die USA emigriert war und dort von 1945 bis 1969 an der New York University lehrte. Er entwickelte eine Konjunkturtheorie, gemäß der die Verantwortung für die sich abwechselnden Konjunkturzyklen – Aufschwung, Boom, Rezession und Depression – bei den Banken und Zentralbanken sowie der von ihnen betriebenen Geldschöpfung liegt. Durch diese Institutionen werden Kredite aus dem Nichts geschaffen und unkontrolliertes Geldwachstum gefördert. Verstärkt durch künstlich niedrige Zinsraten und Inflation wird dadurch das gesamte Preissystem verzerrt. Der Preis kann seine Informationsfunktion hinsichtlich der begrenzten Verfügbarkeit eines Gutes nicht mehr erfüllen. Außerdem werden durch ständig verfügbares, unverhältnismäßig günstiges Kapital ineffiziente Produktionsweisen künstlich am Leben gehalten.

Da sich die Fehlinvestitionen irgendwann wieder an die Realität angleichen, sind Krisen und Rezessionen die Folge. Die Weltwirtschaftskrise der 1930er Jahre war für von Mises das Ergebnis monetärer Fehlentscheidungen in den 1920er Jahren, vor allem der Geldmengenausweitung durch Inflation. Nach seiner Ansicht sei der moderne Stand der Produktion durch freies Wirtschaften entstanden und nur damit könne er auch erhalten werden. Staatliche Interventionen lehnte er ab, denn wenn der Staat einmal eingreife, werde er dies immer wieder tun. Letztlich führen für von Mises die wiederholten staatlichen Interventionen zum Sozialismus, der wiederum eine Senkung des allgemeinen Wohlstands zur Folge habe.

Auch für den österreichischen Ökonomen und Sozialphilosophen Friedrich August von Hayek entstand die Weltwirtschaftskrise um 1930 nicht als Folge zu geringer Nachfrage, sondern durch Fehlinvestitionen der Unternehmen und Banken. Diese Fehlinvestitionen beruhten in letzter Konsequenz auf der verfehlten Geld- und Wirtschaftspolitik der Staaten. Staatliche Interventionen auf dem freien Markt, wie sie etwa vom britischen Ökonomen John Maynard Keynes gefordert wurden, waren für Hayek nicht die Lösung, sondern vielmehr die Ursache der Wirtschaftskrise, denn die staatliche Inflationspolitik vor 1929 habe den Zusammenbruch der Wirtschaft erst heraufbeschworen.

Hayek und die anderen Vertreter der Österreichischen Schule sehen in einem staatlichen Geldsystem, das sie auch als Fiat-, Papier- oder Schein-Geldsystem bezeichnen, die Ausweitung der Staatsaktivität als sehr kritisch an. Vor allem den Zentralbanken, die immer in Verbindung zur Politik stehen, kann es aufgrund dieser politischen Verpflichtungen nicht gelingen, den Geldwert in einem Maß stabil zu halten, dass sich künftige Krisen vermeiden lassen.

Hayek lehnte die Einflussnahme der Politik auf die Zentralbanken generell ab. Aus diesem Grund sprach sich Hayek dafür aus, die Produktion von Zahlungsmitteln in private Hände zu legen. In seinem 1976 veröffentlichten Werk „Denationalisation of Money" stellte er sich, getreu seiner Abneigung gegen jede Form zentraler Planung und staatlicher Intervention, gegen das Monopol der Regierungen und der Zentralbanken bei der Ausgabe von Geld. Als Alternative sollten auch private Banken Zertifikate ausgeben können, die im freien Wettbewerb miteinander stehen.

Das Fehlen einer zentralen Steuerungsbehörde ist gleichzeitig eines der grundlegenden Kennzeichen der Kryptowährungen. Es gibt keine Zentralbank, die die Währungen kontrolliert. Hinter jeder Kryptowährung steht ein Algorithmus, der die Schöpfung und Verteilung der Geldmenge übernimmt. Eine weitere Idee der Österreichischen Schule, die sich bei den Kryptowährungen wiederfindet, ist die Begrenzung der Geldmenge. Die Geldmenge sollte nicht beliebig vermehrbar sein, sondern im Sinne eines Goldstandards begrenzt werden. Die meisten Kryptowährungen sehen ebenfalls eine Begrenzung der Menge vor. Diese kann sehr gering sein und im Extremfall der Kryptowährung mit dem Namen 42 sogar bei nur 42 Stück liegen. Viele Kryptowährungen bewegen sich aber im Bereich mehrerer Millionen oder Milliarden. Bei den meisten Kryptowährungen wird diese Menge erst im Laufe von Jahren oder Jahrzehnten vollständig generiert werden. Bei Bitcoin dauert es bis zum Jahr 2140, ehe die komplette Menge von 21 Millionen Stück erzeugt sein wird. Bei der Kryptowährung Franko dauert es mehr als 500 Jahre bis die Gesamtmenge erzeugt sein wird.

Die Entwicklung der Kryptowährungen

Das Konzept einer dezentralen Währung, die weder von Banken noch von Regierungen kontrolliert werden kann, ist älter als das Internet. Bereits zu Beginn des digitalen Zeitalters, lange vor den aktuell existierenden Kryptowährungen, gab es Bestrebungen, Währungen auch elektronisch verfügbar zu machen. Schon in den 1970er Jahren wurde über verschlüsselte digitale Währungssysteme nachgedacht.

Im Jahr 1990 gründete David Chaum das Unternehmen Digi-Cash, das ein elektronisches Zahlungssystem anbot. Mit dem System eCash sollten vor allem kleinere Zahlungen abgewickelt werden. Innovativ an eCash war die Verwendung kryptografischer Protokolle, die die Anonymität der Benutzer garantieren sollten. Das System konnte sich jedoch nicht durchsetzen. Die digitalen Bezahlsysteme b-money und bit gold, die auch in diesen Jahren entstanden sind, fanden ebenfalls keine ausreichende Verbreitung.

Einen erfolgreichen Versuch startete e-gold. Das 1996 eingeführte digitale Bezahlsystem wollte die Vorteile der digitalen Zahlungsweise mit der Sicherheit von Gold kombinieren. Laut Aussagen der Betreiber waren alle Guthaben durch entsprechende Edelmetallbestände gedeckt. Die Gold-, Silber- sowie Palladium- und Platinbestände lagerten in London und Zürich. So sollte eine stabile Währung entstehen, die es den Nutzern erlaubte, einfach und unkompliziert Guthaben zu übertragen. Kunden, die ein Konto eröffneten, kauften einen Anteil dieser Edelmetallbestände. Der Handel funktionierte über Firmen, die als sogenannte Market Maker auftraten. Sie kauften und verkauften das e-gold der Anleger und tauschten es gegen reale Währungen. Das System war erfolgreich und wies auf seinem Höhepunkt ein jährliches Transfervolumen von zwei Milliarden Dollar auf. Aufgrund der globalen und relativ anonymen Transaktionsmöglichkeiten war e-gold auch bei Kriminellen beliebt. 2007 wurden die Betreiber deshalb wegen Geldwäsche und des Betriebs von unlizenzierten Bankgeschäften angeklagt. Ein Jahr später wurde das gesamte System schließlich eingestellt.

Parallel dazu sorgte die Einführung digitaler Bezahlsysteme, wie z. B. PayPal, für die Vereinfachung der Zahlungsabwicklung über das Internet. Obwohl es Gemeinsamkeiten gibt, wie die Speicherung auf einem Datenträger, unterscheiden sich die Bezahl- von den digitalen Währungssystemen in einem wichtigen Punkt. Bei den Bezahlsystemen bleibt der Betrag in der Ursprungswährung, zum Beispiel in Euro, erhalten, während er bei den Kryptowährungssystemen in die neue Währung, etwa in Bitcoin, getauscht wird. Daraus ergibt sich ein Wechselkurs zwischen der Kryptowährung und der Fiat-Währung.

Digitale Bezahlsysteme, wie PayPal oder Kreditkarten, sind weit verbreitet und werden von vielen Stellen akzeptiert. Bei digitalen Währungen ist dies nicht immer der Fall. Digitale Bezahlsysteme unterliegen der gesetzlichen Regulierung und müssen entsprechende Auflagen einhalten. Digitale Währungen sind meist nicht reguliert, da sich der Gesetzgeber aufgrund ihrer erst sehr kurzen Existenz bisher noch nicht ausführlich mit ihnen befasst hat. Für digitale Bezahlsysteme bestehen meist Rückgaberegelungen und Garantien durch den Systembetreiber, während bei Kryptowährungen keinerlei Garantien oder Schutzmechanismen existieren.

Ein weiterer Unterschied besteht in der Beteiligung zusätzlicher Transferinstitutionen. Bei Bezahlsystemen ist meist ein Mittler zwischengeschaltet, sei es in Form einer Online-Plattform über die Zahlungen abgewickelt werden oder in Form eines Zahlungsdienstleisters, der die Transfers übernimmt. Dadurch ist es möglich, Zahlungen auch wieder rückgängig zu machen, etwa bei Beschwerden oder falschen Angaben vor dem Kauf. Sowohl PayPal- als auch Kreditkartenzahlungen lassen sich leicht zurückbuchen. Kryptowährungen haben keine Zahlungsdienstleister als Zwischenstation. Meist können die Nutzer direkt miteinander in Verbindung treten und die Währung transferieren. Eine weitere Eigenheit der Transaktion von Kryptowährungen ist, dass sie nicht rückgängig gemacht werden können. Wenn die Kryptowährung einmal an eine andere Adresse verschickt und die Transaktion bestätigt ist, besteht keine Möglichkeit mehr, den Betrag zurückzuholen, es sei denn, der Empfänger sendet ihn zurück. Da es keine Bank oder Betreiberfirma gibt, kann niemand die Transaktion für ungültig erklären und rückabwickeln. Dadurch sind die einzelnen Nutzer stärker gefordert und zu einem verantwortungsvollen Umgang mit ihren Guthaben und Transaktionsdaten angehalten.

Das grundlegende Konzept der ersten Kryptowährung, Bitcoin, wurde am 31. Oktober 2008 von Satoshi Nakamoto in einem neunseitigen Aufsatz vorgestellt. Ob es sich bei Satoshi Nakamoto um eine reale Person oder das Pseudonym einer einzelnen Person oder einer Personengruppe handelt, ist bis heute unklar, denn er ist niemals öffentlich in Erscheinung getreten. Nakamoto beschreibt in seinen Ausführungen das Grundproblem jeder Transaktion zwischen unbekannten Parteien. Eine der beiden Seiten muss der anderen Seite Vertrauen entgegenbringen, um eine Transaktion in Gang zu setzen. In regulären Währungssystemen bringen die Menschen dieses Grundvertrauen den Regierungen und Zentralbanken entgegen. Sie vertrauen darauf, dass die von diesen Institutionen herausgegebenen Papierscheine einen gewissen Wert haben und akzeptieren es als Geld. Das Bitcoin-Konzept ist entgegen dem Prinzip der Fiat-Währungen ausgelegt, weil es keine zentrale Institution gibt, der die Nutzer vertrauen müssen. Auf den ersten Blick erscheint Vertrauen in ein System, das von einer anonymen Person entwickelt wurde, nicht angebracht, denn niemand kennt die Interessen, die Satoshi Nakamoto hat. Dennoch ist Transparenz gegeben, denn die komplette Software ist nach dem Open-Source-Prinzip frei zugänglich und die dahinterstehende Funktionslogik ist in Nakamotos Beitrag ausführlich dargestellt worden.

Bitcoin war nach der Einführung nur einem kleinen Kreis von Nutzern bekannt. In den Jahren 2011 bis 2013 fanden sich jedoch immer mehr Teilnehmer am Netzwerk und auch der Kurs stieg stetig an. 2011 hatte der Kurs ein erstes Hoch bei knapp 32 Dollar erreicht. Ausgelöst durch die rasante Kursentwicklung, kam es zu einer regelrechten Flut an neuen Währungen, die sich am Bitcoin-Konzept orientierten, teilweise aber auch eigene Akzente und Innovationen einführten. Eine der ersten Währungen, die nach Bitcoin entstanden war, ist Litecoin. Die Kryptowährung setzt auf einen anderen technischen Schöpfungsprozess und hat sich rasch verbreitet. Inzwischen gibt es viele weitere Kryptowährungen, die auf der Bitcoin-Software aufbauen und viele Eigenschaften kopieren oder modifizieren, um sich von den anderen Währungen abzugrenzen. Da alle Kryptowährungen mehr oder weniger viele Anleihen am Vorbild Bitcoin nehmen, werden sie auch als Altcoins bezeichnet. Das ist die Kombination des englischen Ausdrucks *alternative cryptocurrency* (dt. alternative Kryptowährung). Viele dieser Altcoins werden, so wie der Bitcoin zu Beginn seiner Entwicklung, erst innerhalb eines kleinen Kreises von Nutzern gehandelt und unterliegen heftigen Kursschwankungen. Während der Bitcoin-Kurs an einem Tag um zehn Prozent fallen oder steigen kann, liegt die Bandbreite bei kleineren Kryptowährungen bei 100 Prozent und mehr.

Kryptowährungen weisen eine hohe Transaktionsgeschwindigkeit auf. Meist ist der Betrag mit den entsprechenden Bestätigungen innerhalb weniger Sekunden oder Minuten beim Empfänger und dieser kann dann darüber verfügen. Abgesehen von der Adresse des Empfängers, einer längeren Kombination aus Ziffern und Buchstaben, die von einer Software erzeugt wird, sind keine weiteren Informationen für eine Transaktion notwendig. Weitgehende Anonymität ist also gewährleistet.

Eine weitere Eigenschaft, die von den nachfolgenden Kryptowährungen aus dem ursprünglichen Bitcoin-Protokoll übernommen worden ist, ist die Teilbarkeit der Einheiten bis auf mehrere Nachkommastellen, meist bis zu acht (= 0,00000001). So ist es einerseits möglich, bereits sehr kleine Beträge zu verschicken. Andererseits wird vor allem bei Kryptowährungen mit einer geringen Gesamtmenge sichergestellt, dass ausreichend Einheiten für einen entsprechenden Zahlungsfluss zur Verfügung stehen.

Durch die zentrale Verzeichnisdatei, die *Blockchain* (dt. Blockkette), die bei den meisten Kryptowährungen öffentlich einsehbar ist, werden doppelte Ausgaben verhindert. Jede Transaktion wird in der Datei erfasst. Selbst wenn ein Nutzer sein Guthaben durch ein Backup im eigenen System wiederherstellt, ist in der Blockchain jede Transaktion verzeichnet. Er kann seine Kryptowährungseinheiten nicht zweimal ausgeben.

Gelegentlich kommt es bei Kryptowährungen zu sogenannten *Forks* (dt. Abspaltungen). Forks können aus zwei verschiedenen Gründen auftreten. Unbeabsichtigte Forks treten auf, wenn Updates der Kryptowährungssoftware nicht kompatibel sind. Nutzer, die verschiedene Versionen der Software verwenden, erstellen zwei unterschiedliche Blockchains, eine nutzt die ältere Softwareversion und eine die aktuelle. In diesem Fall müssen die Entwickler der Software die Fehler, die die Inkompatibilitäten verursachen, schnell beseitigen und entscheiden, wie die unterschiedlichen Blockchains zusammengefügt werden sollen.

Ein beabsichtigter Fork entsteht, wenn die Entwickler einer Kryptowährung entscheiden, dass fundamentale Änderungen am Programmcode vorgenommen werden müssen. Wenn die Nutzer dies akzeptieren, entsteht ein Soft Fork, der in einer neuen Blockchain mit dem neuen Programmcode resultiert. Weigern sich Nutzer die vorgeschlagenen Änderungen zu akzeptieren, entsteht ein Hard Fork, der in zwei Blockchains resultiert. Eine nutzt den aktualisierten Code und die andere den alten, wobei die beiden Versionen nicht kompatibel miteinander sind. Daraus entstehen dann unterschiedliche Versionen einer Kryptowährung bzw. eine alte und eine aktualisierte Währung.

Die zunehmende Zahl der Kryptowährungen trifft auf eine immer größere Anzahl von Internetnutzern. Im Jahr 2018 nutzten über vier Milliarden Menschen, mehr als die Hälfte der Weltbevölkerung, das Internet. Vor allem in den Entwicklungsländern werden die Nutzerzahlen aufgrund des Ausbaus der Infrastruktur weiterhin stark ansteigen. Eine steigende Zahl von Internetnutzern lässt auch die Zahl der Nutzer von Kryptowährungen ansteigen. Die Schwellen- und Entwicklungsländer sind für den Einsatz von Kryptowährungen besonders geeignet. In vielen Regionen der Erde mag zwar durch verbesserte Telekommunikationsinfrastruktur der Zugang zum Internet vorhanden sein, aber meist kein ausgebautes Bankensystem mit lokal zugänglichen Filialen.

Die Grundlagen der Kryptowährungen

Kryptografie

Eine der wichtigsten Grundlagen aller Kryptowährungen ist der Einsatz von verschlüsselten Informationen bei der Übertragung. Damit wird nicht nur verhindert, dass unbefugte Dritte die Übertragung stören können, sondern auch, dass die Informationen beliebig kopiert werden können. Dadurch wird das doppelte Ausgeben derselben Währungseinheit unmöglich gemacht. Die Kryptografie dient also zum einen der Sicherheit beim Transfer und zum anderen als Schutz gegen die beliebige Kopierbarkeit, die normalerweise bei digitalen Informationen gegeben ist.

Die bei den Kryptowährungen eingesetzten Verschlüsselungstechnologien sind nicht völlig neu, denn das grundlegende Prinzip der Codierung von Nachrichten ist wesentlich älter als das digitale Zeitalter. Der Wunsch, dass Nachrichten nur vom Sender und vom Empfänger gelesen werden können, besteht seit Beginn der menschlichen Kommunikation über weite Entfernungen hinweg. Die Kryptografie entstand ursprünglich als Wissenschaft der Verschlüsselung von Informationen. Schon im alten Ägypten wurden Geheimschriften benutzt, ebenso im Mittelalter. Auch die Enigma-Maschine, die während des Zweiten Weltkrieges die Nachrichten des deutschen Militärs verschlüsselte, war ein kryptografisches Instrument.

Lange Zeit waren für die Verschlüsselung von Nachrichten nur symmetrische Systeme im Einsatz, bei denen zur Ver- und Entschlüsselung identische Schlüssel zum Einsatz kamen. Bei einem symmetrischen System erlaubt der Besitz des Schlüssels sowohl

das Verschlüsseln einer Nachricht als auch das Entschlüsseln.
Dazu muss die Verschlüsselungsinformation aber zwischen zwei
Kommunikationspartnern auf möglichst sicherem Weg ausgetauscht werden, was zusätzliche Probleme aufwirft. Zudem werden bei mehreren Kommunikationspartnern auch mehrere
Schlüssel benötigt, wenn nicht jeder Teilnehmer alle Nachrichten
entschlüsseln können soll.

Im Informationszeitalter nahm allerdings sowohl der Bedarf an
sicherer Nachrichtenübermittlung als auch die Komplexität der
Verschlüsselung zu. Aus der Kryptografie entwickelte sich deshalb der Forschungszweig der Informationssicherheit, deren Ziel
die Schaffung von Informationssystemen ist, die gegen unbe-
rechtigtes Lesen und Verändern geschützt sind. Ein Durchbruch
im Rahmen der Informationssicherheit war die Entwicklung
asymmetrischer Verschlüsselungssysteme in den 1970er Jahren.

Bei einem asymmetrischen Kryptosystem wird ein Paar zusam-
menpassender Schlüssel eingesetzt. Ein öffentlicher Schlüssel,
der zum Verschlüsseln von Nachrichten für den Schlüsselinhaber
benutzt wird und ein privater Schlüssel, der vom Schlüsselinhaber geheim gehalten werden muss und zur Entschlüsselung eingesetzt wird. So nutzen beispielsweise die im Internet weit verbreiteten Protokolle SSH, SSL/TLS und HTTPS asymmetrische
Kryptoverfahren. Bei den Kryptowährungen kommt ebenfalls
ein asymmetrisches Kryptosystem bzw. ein Public-Key-System
zum Einsatz, da unterschiedliche Schlüssel für die Ver- und Entschlüsselung eingesetzt werden. Ein Nutzer erzeugt ein Schlüs-
selpaar, das aus einem geheimen Teil, dem privaten Schlüssel,
und einem nicht geheimen Teil, dem öffentlichen Schlüssel,
besteht. Der öffentliche Schlüssel ermöglicht es jedem, Daten,

die für den Inhaber des privaten Schlüssels bestimmt sind, zu verschlüsseln oder dessen digitale Signaturen zu prüfen. Der private Schlüssel ermöglicht seinem Inhaber, mit dem öffentlichen Schlüssel codierte Daten zu entschlüsseln, digitale Signaturen zu erzeugen oder sich zu authentifizieren. Der private Schlüssel ist deshalb vergleichbar mit der persönlichen Unterschrift zur Freigabe von Dokumenten. Die digitale Signatur wird aus dem privaten Schlüssel und den zu signierenden Daten bzw. ihrem Hashwert berechnet. Ein Hashwert ist ein Wert fester Länge, der typischerweise als hexadezimale Zeichenkette codiert ist und der aus beliebigen Eingabedaten gewonnen werden kann. Er wird durch einen Algorithmus berechnet, der eine große Eingabemenge auf eine kleinere Zielmenge abbildet. So ergibt beispielsweise der Satz „Das ist ein Passwort." durch die Berechnung mit dem MD5-Algorithmus den Hashwert „b6ea69ae42b92 b4201056aa3c09e4735a873f48d1be3f2d0b8e4a058d49ad7b5".

Der Satz „Das ist kein Passwort." ergibt den völlig anderslautenden Hashwert „e687b134da0dd208a9b52e88d42eda73f7d9fff51 7e46a98fd3633868714c70b", obwohl bei der Eingabe nur ein Buchstabe hinzugefügt worden ist.

Die wesentliche Eigenschaft eines Hashwertes ist, dass durch ihn keine Rückschlüsse auf den ursprünglichen Eingabewert möglich sein dürfen. Aus einer bestimmten Zeichenfolge lässt sich zwar immer der gleiche Hashwert berechnen, aber umgekehrt kann aus dem Hashwert nicht wieder der ursprüngliche Eingabewert errechnet werden. Der Hashwert hat Einwegcharakter. Diese Eigenschaft lässt Hashwerte für die Speicherung von Passwörtern und anderen sensiblen Daten geeignet erscheinen. Statt des Passwortes wird oft nur der Hashwert eines Passwortes für die Authentifizierung abgespeichert. Wird das Passwort bei der Anmeldung an das System eingegeben, wird daraus der Hashwert errechnet und dieser mit dem abgespeicherten Hashwert verglichen. Sollten die Anmeldedaten in die Hände unberechtigter Dritter gelangen, ist es aufgrund des Einwegcharakters der Hashfunktion für den Angreifer schwieriger, das ursprüngliche Passwort zu ermitteln. Hashwerte werden auch zur Überprüfung der Datenintegrität genutzt. Da eine Hashfunktion mit gleicher Dateneingabe auch stets gleiche Hashwerte liefert, kann auf diese Weise überprüft werden, ob Daten bei der Übertragung über ein unsicheres Netz verfälscht wurden. Dieses Prinzip wird auch bei digitalen Signaturen genutzt.

Die digitalen Signaturen der Kryptowährungen sind Teil des asymmetrischen Kryptosystems, das öffentliche und private Schlüssel einsetzt. Der öffentliche Schlüssel ist mit einer Kontonummer vergleichbar, während der private Schlüssel wie eine Transaktionsnummer (TAN) oder Unterschrift wirkt. Dadurch ist eine sichere Übertragung von Kryptowährungen möglich, wie der folgende Vorgang vereinfacht zeigt.

- Nutzer A schickt Nutzer B seinen öffentlichen Schlüssel (= Kontonummer).

- Nutzer B fügt den öffentlichen Schlüssel von Nutzer A mit dem Betrag, den er überweisen will, zu einer Transaktion zusammen (= Überweisungsbeleg).

- Nutzer B bestätigt diese Transaktion mit seinem privaten Schlüssel (= Unterschrift/TAN) und löst dadurch die Transaktion an Nutzer A aus.

In den meisten Kryptowährungssystemen kann jeder, der die öffentlichen Schlüssel von A und B kennt, sehen, dass B damit einverstanden war, einen bestimmten Betrag an A zu senden. Da kein anderer Nutzer im System den privaten Schlüssel von B kennt, kann nur B diese Transaktion bestätigen. Wenn später A den Betrag weiterverwenden möchte, macht er dieselben Schritte wie zuvor B. Ein Großteil der Kryptografie bei diesem Prozess wird von der jeweiligen Software erledigt, die bei allen Kryptowährungen kostenlos zur Verfügung steht. Die Nutzer müssen lediglich den öffentlichen Schlüssel austauschen und die Transaktion initiieren. Dies geschieht mithilfe einer Software, die für die Verwaltung und für alle Transaktionen einer Kryptowährung eingesetzt wird.

Die elektronische Geldbörse

Die Grundlage jeder Kryptowährung und aller Transaktionen ist eine Client-Software, die auch als Wallet (engl. *wallet* = Brieftasche) bezeichnet wird. Die Software ist vergleichbar mit einer Geldbörse oder einem Bankkonto. Jedoch sind im Gegensatz zu einer Kontoeröffnung in der realen Welt für den Download und die Installation keine persönlichen Angaben erforderlich, auch die Erzeugung von Adressen funktioniert ohne das Einrichten eines Benutzerkontos. Es werden keine persönlichen Daten abgefragt und es ist keine Bonitätsprüfung erforderlich, um ein Kryptowährungskonto eröffnen zu können. Die meisten Kryptowährungen basieren auf Open-Source-Programmen, d. h. der Quellcode ist für jeden Anwender zugänglich und veränderbar. Die Offenheit ermöglicht, dass jeder Anwender durch Anpassung des Quellcodes seine eigene Währung entwickeln kann. Die Bedienung wird dadurch vereinfacht, denn die grundlegenden Funktionen sind in jedem Client gleich. Die Sicherheit wird durch kryptografische Schlüssel gewährleistet, die den Besitz der Währungseinheiten belegen und gleichzeitig Schutz vor Fälschung und Diebstahl bieten sollen.

Die in der jeweiligen Software der Währung gespeicherten Adressen beinhalten einen öffentlichen und einen privaten Schlüssel. Während der öffentliche Schlüssel zum Empfangen von Beträgen weitergegeben werden kann, muss der private Schlüssel streng vertraulich behandelt werden, denn er ermöglicht die Bestätigung sämtlicher Transaktionen innerhalb einer Wallet, also auch die Übertragung des gesamten Guthabens an andere Adressen. Bei der Generierung neuer Adressen wird zuerst ein privater Schlüssel erzeugt, auf dessen Basis dann ein öffentlicher Schlüssel generiert wird. Aufgrund der Komplexität des Algorithmus können durch den öffentlichen Schlüssel keine Rückschlüsse auf den privaten Schlüssel gezogen werden. Durch eine Berechnung mit verschiedenen Verschlüsselungsmethoden wird aus dem öffentlichen Schlüssel die Adresse generiert, die im Bitcoin-System beispielsweise folgendermaßen aussieht.

14tbYhU9Ca2ZABBcePCP8VjaRVASvsfi7c

Eine Adresse im Litecoin-System sieht ähnlich aus.

LdyrtDAZqRQUAJPXFx8Bf4bNya1YzqVGVR

Bei allen Kryptowährungen werden die dazugehörigen öffentlichen und privaten Schlüssel in der wallet.dat-Datei der Client-Software gespeichert. Diese Datei ist das Herzstück der Software und gleichzeitig die tatsächliche Geldbörse. Wenn diese Datei gelöscht oder verloren wird, sind auch alle Guthaben, die mit den darin gespeicherten Adressen verknüpft sind, verloren. Es ist deshalb ratsam, die Datei gegen Hardwaredefekte und unberechtigte Zugriffe zu sichern. Dabei helfen regelmäßige Backups der Datei. Um die Datei vor unberechtigten Zugriffen zu schützen, ist es empfehlenswert, sie durch die Eingabe eines möglichst langen Passwortes zu sichern. Es gibt jedoch in den einzelnen Kryptowährungssystemen meist keine Option, ein vergessenes Passwort wiederherzustellen, sodass besondere Aufmerksamkeit bei der Vergabe des Passwortes gefordert ist.

Adressen zum Empfang von Guthaben können von der Software beliebig oft erzeugt werden. Die Adressen werden nicht zentral registriert, sondern nur für die Transaktionen erzeugt und genutzt. Durch Verwendung jeweils spezifischer Adressen für unterschiedliche Sender lässt sich eine leichte Zuordnung der Zahlungsströme vornehmen. Diese Zuordnung ist aber nur dem

Empfänger der Transaktion möglich, der dem Sender die entsprechende Adresse mitgeteilt hat. Allein durch die Adresse ist nicht feststellbar, wem sie gehört oder wo sie sich befindet. Nur derjenige, der die Adresse erzeugt hat, weiß, dass sie ihm gehört.

Zwar wird durch die Adressen weitgehende Anonymität gewährleistet, aber gleichzeitig liegt mit der Blockchain ein öffentliches Verzeichnis aller bisher abgewickelten Transaktionen vor. Durch eine Kombination mit weiteren Informationen, wie z. B. IP-Adressen oder Informationen aus E-Mails, mit denen zuvor Adressen ausgetauscht wurden, wäre die Identifikation einzelner Nutzer denkbar. Dieses Verfahren ist allerdings extrem aufwändig und nur von staatlicher Seite legal durchführbar.

Die Transaktionen von Kryptowährungen haben eine andere Funktionsweise als Bargeldtransaktionen. Bargeld kennt nur den aktuellen Besitzer und weist keine Verlaufsgeschichte aller vorangegangenen Transaktionen auf. Eine Kryptowährungstransaktion ist hingegen eine Fortführung vorangegangener Transaktionen. Durch Transaktionen werden einer oder mehreren Adressen Währungseinheiten gutgeschrieben, die selbst wiederum von einer oder mehreren Adressen aus dem Netzwerk stammen. Die Währungseinheiten existieren nicht als eigenständige Objekte im Netzwerk. Stattdessen verwaltet das Netzwerk die Transaktionen der Währungseinheiten, sowohl die der Nutzer untereinander als auch die Transaktionen bei der Entstehung neuer Einheiten. Im Netzwerk werden aber nur die Transaktionen zwischen den Adressen ausgetauscht, die Kontostände werden in den Clients berechnet.

Da die Kryptowährungen auf dem Bitcoin-Protokoll basieren, bietet auch die jeweilige Software die gleichen grundlegenden Funktionen. Die Bedienung der kostenlos verfügbaren Programme ist weitgehend ähnlich und trotz der dahinterstehenden komplexen Funktionslogik leicht zugänglich. Die Programme generieren die Adressen zum Empfangen von Transaktionen automatisch und auch das Versenden funktioniert einfach, indem nur die Empfängeradresse und der Betrag eingegeben werden. Voraussetzung dafür ist eine Verbindung zum Internet. Nach der Installation der Software sowie nach längerer Inaktivität benötigt die Software aber einige Zeit, um die Aktualisierungen über die letzten Transaktionen aus dem Netzwerk zu laden. Je nach Kryptowährung sind für die Speicherung der Informationen einige Gigabyte an Speicherplatz nötig.

Die Quellen der Kryptowährungen

Es gibt zwei Möglichkeiten, um in den Besitz von Kryptowährungen zu gelangen. Man kann sie von anderen Nutzern gegen Geld erwerben oder durch das sogenannte Mining herstellen. Der leichtere Weg ist der Kauf von anderen Nutzern über eine Handelsplattform.

Kauf von Kryptowährungen

Der Kauf von Kryptowährungen ist der einfachste Weg, um an die digitalen Währungen zu kommen. Wie bei den gängigen Fiat-Währungen wird auch beim Kryptowährungshandel eine Währung gegen eine andere getauscht. Gängige Referenzkurse sind der BTC/USD, der Kurs für Bitcoin in Dollar und der BTC/EUR, der Kurs in Euro. Zusätzlich zu den Notierungen in Fiat-Währungen gibt es auch Notierungen der Kryptowährungen untereinander. Meist werden die Kryptowährungen dabei in Relation zum Bitcoin gesetzt.

Die Menge der einzelnen Einheiten eines Systems kann stark variieren und entsprechend dem Gesetz von Angebot und Nachfrage bedeutet eine große Menge an verfügbaren Einheiten meist einen kleinen Preis. Das Bitcoin-System sieht eine Gesamtmenge von 21 Millionen vor, die bis zum Jahr 2140 in Umlauf sein sollen. Gleichzeitig ist aber jeder Bitcoin in 1/100.000.000 Untereinheiten teilbar. Dadurch stehen dem Markt insgesamt 2.100.000.000.000.000 Einheiten zur Verfügung. Es gibt Kryptowährungen mit noch weitaus größeren Mengen. Für die Kryptowährung Dentacoin sind acht Billionen Einheiten geplant, die wiederum teilbar sind. Einige Kryptowährungen haben überhaupt keine Begrenzung der Gesamtmenge. Ein anderes Extrem ist die Kryptowährung 42. Wie der Name andeutet, beträgt die Gesamtmenge 42 Stück, die allerdings teilbar sind.

Für die Nutzung der Währung ist es entscheidend, wie liquide sie ist, also wie leicht man sie kaufen kann, aber auch, wie leicht man sie wieder gegen andere Währungen eintauschen kann. Bei kleinen Märkten besteht immer das Risiko, dass nicht zu jedem Zeitpunkt ein Käufer oder Verkäufer zur Verfügung steht. Bitcoin und einige andere Währungen sind mittlerweile gut handelbar. Bei kleineren Währungen ist dies häufig nicht der Fall, denn es fehlt an Angebot oder Nachfrage.

Der Kurs der Kryptowährungen kommt wie jeder andere Kurs durch Angebot und Nachfrage zustande. Käufer und Verkäufer treffen sich auf verschiedenen Handelsplattformen im Internet. Es existieren mehrere Online-Börsen, mit deren Hilfe Kryptowährungen gegen andere Währungen ge- und verkauft werden können. Dabei wird je nach Börse eine bestimmte Gebühr fällig. Die Konten bei den meisten Handelsplätzen können per Überweisung kapitalisiert werden. Eine Zahlung mit Kreditkarte ist meist nicht möglich.

Um Währungen handeln zu können, ist zunächst die Kapitalisierung des eigenen Nutzerkontos notwendig. Für einen Verkauf ist es notwendig, die jeweilige Währung zuerst auf das eigene Konto zu überweisen. Dazu wird in jedem Nutzerkonto eine individuelle Adresse generiert an die Kryptowährungen gesendet werden können. Die Transferwege funktionieren auch umgekehrt und so können vom Nutzerkonto Guthaben auf das eigene Bankkonto überwiesen bzw. Währungseinheiten an die eigene Wallet geschickt werden. Auch bei den Kryptowährungsbörsen gibt es Maßnahmen zur Einschränkung der Geldwäsche, wie etwa Auszahlungslimits oder besondere Formen der Identifizierung, wie das Einreichen einer Ausweiskopie und eines aktuellen Adressnachweises.

Binance

Binance (https://www.binance.com/de) ist eine rasch wachsende Börse für Kryptowährungen, die ursprünglich in China beheimatet war. Aufgrund eines Handelsverbots mit Kryptowährungen in China wurden die Server im September 2017 nach Japan verlegt. Binance setzt sich aus den Worten *binary* (dt. binär) und *finance* (dt. Finanzen) zusammen und soll darauf hinweisen, dass auf der Plattform nur Kryptowährungen gehandelt werden können. Die Plattform wird in mehreren Sprachen, darunter auch Deutsch, angeboten.

Die Plattform bietet zwei Oberflächen für den Handel mit Kryptowährungen – eine Basisversion und eine Version für Fortgeschrittene. Der Hauptunterschied zwischen der Basis- und der Fortgeschrittenen-Version besteht darin, dass letztere detailliertere technische Analyseinstrumente und Orderinformationen des jeweiligen Kryptowährungsmarktes bietet.

Die Einrichtung eines Kontos ist kostenlos möglich. Für ein Konto der Stufe eins, das ein Auszahlungslimit von zwei Bitcoin pro Tag hat, sind keine weiteren Schritte notwendig. Für ein Konto mit Stufe zwei, das Auszahlungen von bis zu 100 Bitcoin pro Tag erlaubt, muss eine Ausweiskopie hochgeladen werden. Diese wird von Binance-Mitarbeiter überprüft, was einige Zeit in Anspruch nehmen kann. Auf das Konto können nur Einzahlungen in Kryptowährungen, nicht in einer Fiat-Währung vorgenommen werden.

Binance weist eine große Vielfalt an handelbaren Kryptowährungen auf, einschließlich Bitcoin, Bitcoin Cash, Bitcoin Gold, Ethereum, Ethereum Classic, EOS, Dash, Litecoin, NEO, Gas, Zcash, Ripple und viele mehr. Zudem werden auch zahlreiche neue Kryptowährungen im Rahmen von Initial Coin Offerings unterstützt. Binance weist niedrige Handelsgebühren in Höhe von 0,1 Prozent sowie sehr schnelle Transaktionsabwicklungen auf. Die Handelssoftware von Binance ist in der Lage, 1,4 Millionen Aufträge pro Sekunde zu verarbeiten.

Binance hat eine eigene Kryptowährung namens Binance Coin (BNB) herausgegeben (S. 188). Mit ihr können Handelsgebühren auf der Plattform mit Rabatt bezahlt werden. Im ersten Nutzungsjahr werden 50 Prozent Rabatt auf alle Gebühren gewährt, im zweiten Jahr 25 Prozent, im dritten Jahr 12,5 Prozent und im vierten Nutzungsjahr 6,75 Prozent. Ab dem fünften Jahr gibt es keine Rabatte mehr.

Bitcoin.de

Eine Möglichkeit für den Erwerb von Kryptowährungen ist die größte deutschsprachige Plattform für den Bitcoin-Handel, Bitcoin.de (https://www.bitcoin.de). Auf der Website sind Kauf- und Verkaufsangebote von Privatpersonen aus fast allen Ländern Europas gelistet, die sich filtern lassen. Neben Bitcoin werden auch Bitcoin Cash, Bitcoin Gold und Ethereum gehandelt. Als Zahlungsmethode steht die SEPA-Überweisung zur Verfügung, allerdings erfolgt die Zahlung direkt an die Verkäufer der Kryptowährung.

Nach der Anmeldung kann mittels eines Filters im Marktplatz nach geeigneten Angeboten für den Kauf oder Verkauf einer Kryptowährung gesucht werden. Es können auch gezielt Limitaufträge für den Kauf oder Verkauf gesetzt werden. Sobald ein Verkäufer die Kaufanfrage bestätigt hat, sendet das System eine E-Mail mit seinen Kontoinformationen. Nun muss vom Käufer innerhalb von 60 Minuten die Bezahlung per Überweisung erfolgen und der Zahlungsvorgang als abgeschlossen markiert werden. Geschieht dies nicht schnell genug, wird der Kauf rückabgewickelt und eine negative Bewertung vergeben. Nach der erfolgreichen Bezahlung werden die gekauften Kryptowährungen vom Konto des Verkäufers auf das Konto des Käufers bei Bitcoin.de übertragen. Verkäufer müssen vor Erstellung eines Angebots ihre Kryptowährung auf ein Konto bei Bitcoin.de einzahlen. Hat der Verkäufer den Zahlungseingang bestätigt, wird das gekaufte Guthaben von Bitcoin.de freigegeben. Dabei fallen Gebühren in Höhe von einem Prozent an, die sich Käufer und Verkäufer zur Hälfte teilen.

Da Bitcoin.de ein strenges Bewertungssystem besitzt, können neu registrierte Benutzer zu Beginn nur kleine Mengen an Kryptowährungen handeln, da sie sich erst Vertrauen erwerben müssen. Dieses Vertrauenssystem ist notwendig, da der Handel zwischen Privatpersonen stattfindet und Bitcoin.de, ähnlich wie eBay, lediglich als Plattform dient und im Gegensatz zu den anderen Börsen nicht als Handelspartner auftritt.

Bitfinex

Bitfinex (https://www.bitfinex.com) ist in Hongkong ansässig und zählt zu den größten Börsen für den Handel mit Bitcoin, Bitcoin Cash, Ethereum, Litecoin, Zcash, IOTA, OmiseGO, Ripple, Bitcoin Gold, NEO, EOS, Dash, Monero, Ethereum Classic, Qtum und weiteren Währungen.

Die Gebühren schwanken je nach Handelsvolumen zwischen 0,2 und 0,02 Prozent. Die Plattform bietet eine englische, russische und chinesische Bedienoberfläche an. Die Anmeldung ist kostenlos, aber für die vollständige Nutzung ist eine Verifikation erforderlich. Bitfinex verlangt neben Kopien von Personalausweis oder Reisepass auch eine Rechnungskopie zum Nachweis der aktuellen Adresse, einen Bankauszug sowie ein Selfie mit aktuellem Datum.

Bitstamp

Bitstamp (https://www.bitstamp.net) bietet den Handel mit Bitcoin, Bitcoin Cash, Litecoin, Ripple und Ethereum an.

Die Registrierung eines neuen Kontos auf der englischsprachigen Homepage ist kostenlos. Für den Handel muss das Konto allerdings verifiziert werden. Dazu muss ein eingescannter aktueller Personalausweis, Führerschein oder Reisepass sowie ein Nachweis der aktuellen Adresse an Bitstamp geschickt werden. Für den Handel fallen Gebühren in Höhe von 0,25 Prozent an. Abhängig vom Handelsvolumen kann die Gebühr auf bis zu 0,1 Prozent sinken.

Bittrex

Die in den USA ansässige Plattform Bittrex (https://bittrex.com) bietet eine enorm große Auswahl an handelbaren Kryptowährungen an. Mehr als 190 Kryptowährungen können auf der englischsprachigen Plattform gehandelt werden, Darunter sind alle gängigen Währungen, wie Bitcoin und Ethereum, aber auch viele kleinere Kryptowährungen.

Alle Käufe und Verkäufe werden mit einer Gebühr von 0,25 Prozent belegt. Bittrex bietet zwei Arten von Konten an. Basis-Konten können mit der Angabe des Namens, der Adresse und des Geburtsdatums eröffnet werden. Sie unterliegen aber niedrigen Auszahlungslimits. Für die Aufstufung zu einem erweiterten Konto muss die Kopie eines Ausweises oder eines anderen Legitimationspapiers hochgeladen werden.

Coinbase

Coinbase (https://www.coinbase.com) wird von dem gleichnamigen amerikanischen Unternehmen als Handelsplattform für Kryptowährungen betrieben. Über Coinbase, das eine deutsche Bedienoberfläche bietet, können die Kryptowährungen Bitcoin, Bitcoin Cash, Ethereum und Litecoin gehandelt und in Fiat-Währungen wie US-Dollar und Euro getauscht werden.

Der Kauf ist sowohl mit Kreditkarte als auch per SEPA-Überweisung von Fiat-Guthaben auf das eigene Handelskonto möglich. Die Gebühren liegen bei 3,99 Prozent beim Kauf mit Kreditkarte bzw. bei 1,49 Prozent beim Kauf mit einer vorab überwiesenen Fiat-Währung. Zur Freischaltung aller Funktionen erfolgt eine Verifizierung der Nutzer durch eine Testüberweisung sowie durch den Reisepass oder Führerschein, der per Smartphone fotografiert und auf Coinbase hochgeladen werden muss.

Coinbase bietet eine zweite Handelsplattform namens Global Digital Asset Exchange, kurz GDAX (https://www.gdax.com/), an. Die englischsprachige Plattform richtet sich als professionelle Handelsplattform für Kryptowährungen an erfahrene Nutzer. Sie bietet mehr Optionen und eine günstigere Gebührenstruktur als Coinbase.

Kraken

Eine Handelsplattform, die neben Bitcoin auch den Handel mit Ethereum, Bitcoin Cash, Litecoin, Ripple, Stellar, Zcash, Dash, EOS, Monero, Dogecoin und einigen weiteren Währungen erlaubt, ist Kraken (https://www.kraken.com). Nach der Registrierung auf der englischsprachigen Homepage bietet Kraken ein mehrstufiges Verifikationssystem. Je nach Stufe schwanken die täglichen und monatlichen Ein- und Auszahlungslimits zwischen 2.000 (vollständige Angaben im Anmeldeformular und Adressnachweis) und 500.000 Dollar (Ausweiskopie, Adressnachweis, Selfie, Beantwortung von zusätzlichen Fragen). Zudem können sich Unternehmen gesondert verifizieren.

Kraken ermöglicht Einzahlungen auf das Handelskonto in Euro oder Dollar. Auszahlungen sind auch in den handelbaren Kryptowährungen möglich. In Kooperation mit der in München ansässigen Fidor Bank AG ist es möglich, SEPA-Überweisungen auf das eigene Handelskonto vorzunehmen. Der Handel mit den Kryptowährungen ist sowohl zum Marktpreis als auch über Limit-Orders möglich. Dabei fällt eine Gebühr von 0,26 Prozent des Handelsvolumens an, die aber nach Erreichen bestimmter Umsatzgrenzen auf bis zu 0,02 Prozent absinkt.

Da die Kryptowährungsbörsen nicht reguliert sind, unterliegen sie auch keiner Einlagensicherung. Für die Guthaben haftet allein der Betreiber der Börse. In der Vergangenheit kam es häufig zu Hackerangriffen auf Börsen, um die dort gespeicherten Guthaben zu stehlen. Obwohl inzwischen die Sicherheitsmaßnahmen verstärkt wurden und einige Betreiber auch die Haftung für verlorene Einlagen übernehmen, stellt die Gefahr eines Hackerangriffs und des Verlustes der Einlagen immer noch eine ständige Bedrohung für die Börsen dar. Da es sich bei den Börsen meist um normale Unternehmen ohne besondere Einlagensicherung handelt, bedeutet die Insolvenz den Verlust der Einlagen. Es ist deshalb empfehlenswert, Bestände an Kryptowährungen nur zum Kauf oder Verkauf auf das Konto einer Handelsplattform zu transferieren und sie ansonsten in eigenen Wallets zu sichern. Hier empfiehlt sich die Installation der Wallet-Software und die Sicherung des Guthabens auf dem eigenen Rechner inklusive mehrerer Backups. Ebenso ist es nicht ratsam, Guthaben in Euro, Dollar oder anderen Fiat-Währungen längere Zeit auf einer der Plattformen liegen zu lassen.

Initial Coin Offering (ICO)

Während in den ersten Jahren nach der Entstehung der Kryptowährungen Mining oder der Kauf über Handelsbörsen die einzigen Möglichkeiten darstellten, um an die Währungen zu gelangen, hat sich nach der Einführung von Ethereum (S. 92) ein Wandel vollzogen. Ethereum ist eine Plattform auf der intelligente Verträge, sogenannte Smart Contracts, implementiert werden können. Dabei handelt es sich um Computerprotokolle, die es erleichtern, die Verhandlung oder Erfüllung eines Vertrags digital zu überprüfen oder durchzusetzen. Smart Contracts ermöglichen die Durchführung von Transaktionen ohne eine dritte Partei, die den Ablauf überwacht oder verifiziert. Die Transaktionen laufen automatisch ab, sobald die im Vertrag festgelegten Bedingungen erfüllt sind. Sie sind nachvollziehbar und irreversibel.

Durch Smart Contracts lassen sich Initial Coin Offerings, kurz ICO, abbilden. Der Begriff ICO basiert auf dem Begriff Initial Public Offering (IPO), der für den Gang eines Unternehmens an die Börse steht. Ein Initial Coin Offering ist eine unregulierte Methode der Unternehmensfinanzierung, die von Firmen verwendet wird, deren Geschäftsmodell auf Kryptowährungen basiert. In einem Initial Coin Offering wird ein Anteil einer neu emittierten Kryptowährung an Anleger verkauft. Der Verkauf findet im Austausch gegen staatlich emittierte Währungen oder gegen andere Kryptowährungen wie Bitcoin oder Ethereum statt. Durch ein ICO können Firmen Gelder von einer Vielzahl von Investoren einsammeln und vermeiden dadurch den streng regulierten Prozess der Kapitalaufnahme, der von Risikokapitalgebern, Banken oder Börsen vorgeschrieben wird. Aufgrund der geringen Hürden beteiligen sich oftmals Privatinvestoren an Initial Coin Offerings.

Meist können Investoren über die Ethereum-Plattform ihre Anlagesumme an eine Adresse des Unternehmens senden, das ein Initial Coin Offering abhält. Nach Ende der Investitionsphase erhalten sie dann automatisch ihre neuen Kryptowährungseinheiten an ihre eigene Ethereum-Adresse geschickt. Das Bezugsverhältnis wird dabei vorab festgelegt und oftmals erhalten die ersten Investoren einen Rabatt auf ihr Investment.

Wenn ein Kryptowährungsstartup Geld durch ein Initial Coin Offering aufbringen möchte, erstellt es normalerweise einen Plan in Form eines White Papers. In diesem Dokument wird aufgelistet, was der Zweck des Projekts ist, welche Bedürfnisse das Projekt nach Abschluss erfüllen will, wie viel Geld dafür benötigt wird, welche Art von Geld akzeptiert wird und wie lange die ICO-Kampagne laufen wird. Während der ICO-Phase kaufen Investoren die angebotenen Einheiten mit Fiat- oder Kryptowährungen. Die Einheiten ähneln Aktien eines Unternehmens. Wenn das eingesammelte Geld nicht den von der Firma geforderten Mindestbetrag erreicht, wird das Geld an die Geldgeber zurückgegeben und das Initial Coin Offering gilt als erfolglos. Wenn die Mittelanforderungen innerhalb des vorgegebenen Zeitraums erfüllt sind, wird das eingesammelte Geld verwendet, um das neue System zu initiieren oder zu vervollständigen.

Im Zusammenhang mit einem ICO wird häufig auch der Begriff des Token (engl. *token* = Wertmarke) verwendet. Während bei einem ICO Anteile an bereits komplett finanzierten Projekten verkauft werden, handelt es sich bei einem Token um einen Anteil an einem Projekt, das erst noch realisiert werden muss. Ein Token bildet keinerlei Rechte an einem Projekt oder Unternehmen ab. Stattdessen handelt es sich um eine Art Bezugsschein auf zukünftige Kryptowährungseinheiten oder andere Rechte. Ein Token soll nach Fertigstellung des Projekts von den Nutzern als Zahlungsmittel genutzt werden.

Herstellung von Kryptowährungen

Neben dem Kauf von Kryptowährungen über Handelsplattformen oder von anderen Nutzern stellt die Herstellung, das sogenannte Mining (engl. *mining* = Bergbau), den zweiten Weg dar, um an digitale Währungen zu gelangen. Eigentlich handelt es sich dabei um den ursprünglichen Weg, denn neue Einheiten werden durch Mining generiert, da es keine zentrale Institution gibt, die die jeweiligen Kryptowährungen ausgibt. Während Fiat-Währungen durch die Zentral- und Geschäftsbanken mittels Geldschöpfung erzeugt werden, entstehen viele Kryptowährungen durch Mining. Die Bezeichnung Mining entstand, weil das Errechnen der Währungen mit dem Schürfen von Rohstoffen wie Gold vergleichbar ist. Unter hohem Aufwand werden kleine Mengen an Münzen gewonnen. Beim Mining von Kryptowährungen wird die meiste Arbeit von Computern erledigt.

Beim Mining werden keine Edelmetalle ausgegraben, sondern es werden die im Netzwerk anfallenden Transaktionen von Währungseinheiten an unterschiedliche Adressen verarbeitet. Während des Prozesses werden die Transaktionen zwischen den Nutzern in Blöcke zusammengefasst. Die Blöcke werden durch Rechenoperationen bestätigt und an das Netzwerk gesendet, wo sie in die Blockchain eingefügt werden. Die Blockchain ist die Aneinanderreihung aller Transaktionen in einem Kryptowährungsnetzwerk. In bestimmten Zeitabständen wird die Blockchain durch Hinzufügen eines neuen Blocks mit den Daten der zuletzt angefallenen Transaktionen – Sender- und Empfängeradressen, Beträgen und Gebühren – aktualisiert. Das Intervall zwischen den Blöcken variiert je nach Währung, liegt aber meist zwischen wenigen Sekunden und einigen Minuten.

Transaktionen erhalten eine Bestätigung, wenn sie in einem Block gespeichert wurden. In jedem weiteren Block, der eine Fortführung der vorangegangenen Blöcke darstellt, erhalten sie eine weitere Bestätigung. Sobald eine Transaktion durch das Netzwerk bestätigt wurde, wird eine Rückabwicklung sehr unwahrscheinlich bis unmöglich. Bei kleineren Beträgen genügt bereits eine Bestätigung, bei größeren Transaktionen kann es sinnvoll sein, mehrere Bestätigungen abzuwarten, denn jede neue Bestätigung reduziert das Risiko einer Rückabwicklung exponentiell. Durch Transaktionsgebühren, die bei einigen Kryptowährungen freiwillig sind, bei anderen fest vorgegeben, kann die Geschwindigkeit der Bestätigungen beschleunigt werden. Transaktionen mit einer Gebühr werden bevorzugt behandelt, da der Betrag direkt den Betreibern der Bestätigungscomputer, den Minern, zugutekommt.

Die Blockchain ist das Herzstück jeder Kryptowährung, da in ihr alle Transaktionen gespeichert werden. Zur Speicherung wird aber, im Gegensatz zu vielen Datenbanken, kein zentraler Server eingesetzt. Die Blockchain ist eine dezentrale Datenbank, die auf allen Rechnern des Netzwerks gespeichert ist. Um die Sicherheit dieser öffentlich einsehbaren und zugänglichen Datei zu garantieren, muss sie vor Manipulationen geschützt werden. Die Sicherung findet während des Minings statt. Ein beliebiger Rechner, der sich durch eine Software am Mining beteiligen kann, bekommt durch das Netzwerk die Aufgabe zugewiesen, ein mathematisches Problem auf Basis der letzten verfügbaren Transaktionen zu lösen. Zur Lösung des Problems muss der Computer, unter Verwendung eines Algorithmus, einen Schlüssel in Form eines Hashwertes finden, der mit der Liste der letzten Transaktionen und dem Hashwert des letzten abgeschlossenen Blocks in der Blockchain einen neuen Hashwert generiert. Da jeder neue Block auch den Hashwert des Vorgängerblocks enthält, ergibt sich eine fortlaufende Kette von Blöcken und Berechnungen, die aufeinander aufbauen. Die dadurch geschaffene Blockchain lässt sich bis zum ersten Block jeder Währung zurückverfolgen. Durch das Mining wird festgelegt, welche Transaktionen in die Blockchain übernommen werden. Ungültige oder manipulierte Transaktionen werden ignoriert, während die Blockchain permanent fortgeschrieben wird, wie folgende Abbildung eines Transaktionsablaufs zeigt.

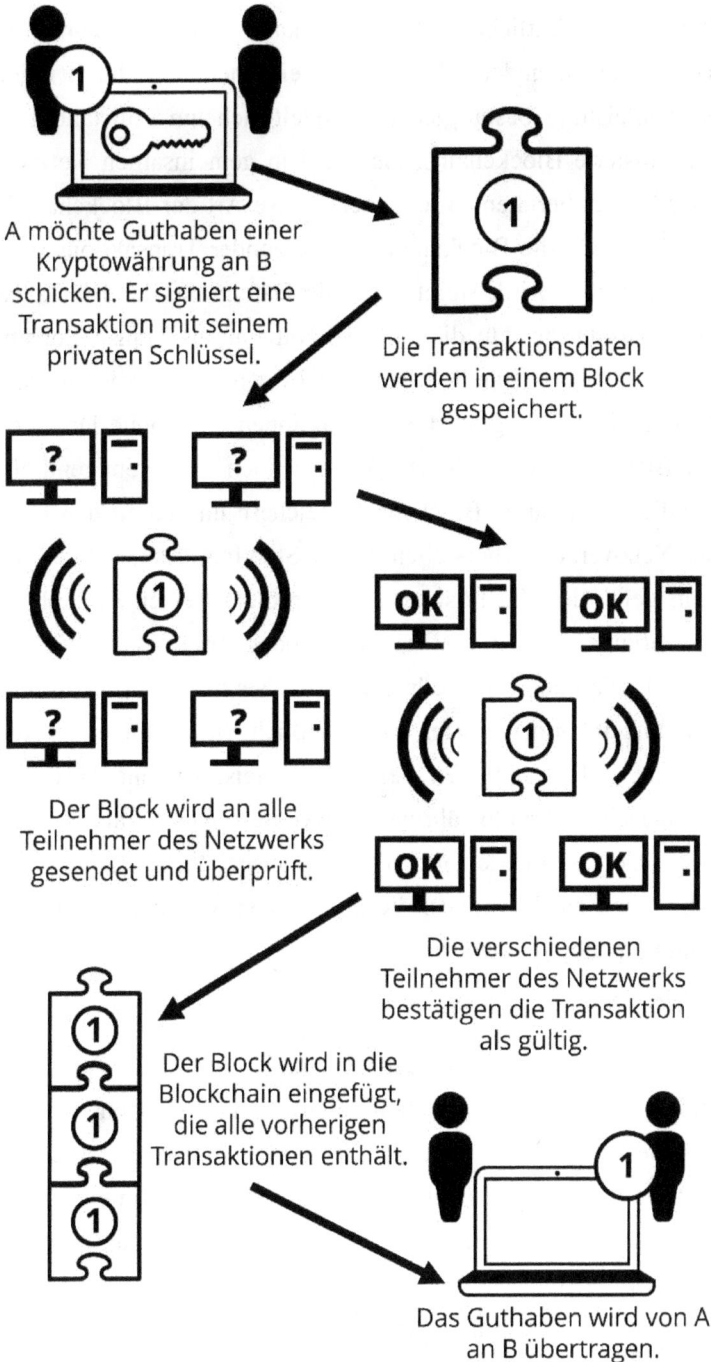

A möchte Guthaben einer Kryptowährung an B schicken. Er signiert eine Transaktion mit seinem privaten Schlüssel.

Die Transaktionsdaten werden in einem Block gespeichert.

Der Block wird an alle Teilnehmer des Netzwerks gesendet und überprüft.

Die verschiedenen Teilnehmer des Netzwerks bestätigen die Transaktion als gültig.

Der Block wird in die Blockchain eingefügt, die alle vorherigen Transaktionen enthält.

Das Guthaben wird von A an B übertragen.

Bei einer öffentlichen Blockchain kann jeder Teilnehmer die Transaktionen anderer Teilnehmer einsehen und durch eigene Rechenleistung bestätigen. Es handelt sich um vollständig dezentralisierte Blockchains, die auf dem gemeinsamen Netzwerk aller Nutzer beruhen. Bitcoin setzt diese Art der Blockchain bis heute ein. Da die Blockchain mit steigender Transaktionsanzahl immer größer wird, steigt auch die Dateigröße der Blockchain immer weiter an. Für die einfache Nutzung als Transaktionsmedium ist der vollständige Download oft nicht notwendig, da es Softwarelösungen gibt, die Transaktionen auch ohne Download der Blockchain ermöglichen. Wenn jedoch nicht genügend Nutzer die vollständige Blockchain speichern und damit den Erhalt des Netzwerkes sicherstellen, ist die Stabilität des gesamten Systems gefährdet. Zur Lösung dieses Problems setzen einige Kryptowährungen, wie z. B. Dash, auf Nodes (engl. *node* = Knotenpunkt). Während alle Teilnehmer das Netzwerk für Transaktionen nutzen können, dürfen ausschließlich Nutzer, die einen Node betreiben, Transaktionen bestätigen. Meist ist eine bestimmte Menge einer Kryptowährung notwendig, um sich als Node zu qualifizieren. Erlöse aus Transaktionsgebühren fließen ausschließlich an die Nodes, die das Netzwerk sichern. Durch die Funktion der Nodes entsteht ein teilweise dezentralisiertes Netzwerk.

Kryptowährungen verwenden dezentrale Dateien in Form einer Blockchain, um Informationen aufzuzeichnen. Entscheidend für den Bestand einer Blockchain ist, dass sich die Teilnehmer des Netzwerks kollektiv über den Inhalt der Aufzeichnungen einig sind. Statt die Kontrolle über die Aufzeichnungen zu zentralisieren, wie beispielsweise bei der Führung von Konten bei einer Bank, wird sie von allen Netzwerknutzern gemeinsam ausgeübt.

Dies setzt voraus, dass das Netzwerk einen Konsens über die in der Blockchain aufgezeichneten Informationen erzielt. Wie dieser Konsens zustande kommt, beeinflusst die sicherheitstechnischen und wirtschaftlichen Parameter einer Blockchain. Von den meisten Kryptowährungen wird einer von fünf Konsensmechanismen eingesetzt.

Proof-of-Work (PoW)

Bitcoin war die erste Kryptowährung, die den sogenannten *Proof-of-Work* (dt. Arbeitsbeweis) einführte und viele Nachfolger setzen ebenfalls auf dieses Prinzip. Vereinfacht gesagt, muss zuerst eine bestimmte Arbeitsleistung erbracht werden, bevor eine Belohnung erfolgt. Bei den Kryptowährungen wird der Arbeitsbeweis durch den Vergleich von Hashwerten erbracht. Jeder neue Hashwert muss eine vom Netzwerk geforderte Schwierigkeitsstufe, die als bestimmte Anzahl von Nullen am Anfang des Hashwertes ausgedrückt wird, erfüllen. Der Computer kann den entsprechenden Wert nur durch die Versuch-und-Irrtum-Methode ermitteln, d. h. es werden möglichst viele Werte errechnet, die beim Einfügen in den aktuellen Block unter einem bestimmten Hashwert liegen. Andere Rechner im Netzwerk überprüfen, ob das Ergebnis unter dem aktuellen Zielwert liegt. Je mehr Rechenleistung dabei zur Verfügung steht, desto schneller erfolgt die Überprüfung.

Wenn viele Teilnehmer ihre Rechenkapazität in ein Netzwerk einbringen, können die jeweiligen Blöcke sehr schnell berechnet werden. Dadurch wäre ein Kryptowährung sehr schnell erzeugt. Da viele Währungen über Jahre hinweg ausgeschüttet werden sollen, verfügt die jeweilige Software über einen dynamischen

Schwierigkeitsgrad, der sich automatisch an die zur Verfügung stehende Rechenkapazität anpasst. Die Software setzt an den Anfang der Hashwerte Nullen, die den Schwierigkeitsgrad der Berechnungen steuern. Je mehr Nullen am Anfang des Hashwertes stehen, desto schwieriger ist die Berechnung, denn die beteiligten Computer müssen viel mehr Werte berechnen, bis sich ein Hashwert findet, der die entsprechende Anzahl an Nullen am Anfang aufweist. Wenn der Schwierigkeitsgrad beispielsweise festlegt, dass ein Hashwert mit einer Null am Anfang gültig ist, dann gibt es eine richtige Lösung, die mit Null beginnt und neun falsche Antworten, die mit den Ziffern 1 bis 9 beginnen. Wenn der Schwierigkeitswert bei zwei Nullen am Anfang liegt, dann existieren ein richtiger Wert, der mit 00 beginnt, und 99 falsche Möglichkeiten. Da die Hashwerte keine Rückschlüsse auf den ursprünglichen Wert zulassen, kann der korrekte Wert nur durch Versuch und Irrtum gefunden werden.

Alle Kryptowährungen verfügen über einen Schwierigkeitsgrad, der sich nach unterschiedlichen Formeln berechnet und in verschiedenen Intervallen an die Rechenkapazität des Netzwerkes anpasst. Bei Bitcoin wird der Schwierigkeitsgrad beispielsweise alle 2.016 Blöcke angepasst, was einem Zeitraum von ungefähr zwei Wochen entspricht. Bei anderen Währungen erfolgt die Anpassung in kürzeren Intervallen, die bis zu einem Block reichen kann.

Sobald ein Block richtig berechnet worden ist, wird als erste Transaktion eine Ausschüttung an die bei der Berechnung beteiligten Computer erzeugt. Die Transaktion enthält neue Kryptowährungseinheiten. Die genaue Höhe ist abhängig vom Protokoll der jeweiligen Kryptowährung, aber die auf diese Weise neu geschaffenen Währungseinheiten stellen den Hauptanreiz für das Mining dar. Dieser Vorgang ersetzt die bei einer Fiat-Währung übliche Geldschöpfung durch eine Zentralbank.

Die Blockchain und das Peer-to-Peer-Prinzip des Netzwerks ersetzen eine zentrale Institution. Gleichzeitig wird durch die Verwendung öffentlicher und privater Schlüssel die Anonymität aller Teilnehmer sichergestellt. Trotz aller Sicherheitseinstellungen bleibt das System transparent. Die Blockchain ist aber kein völlig sicheres Instrument zur Kontrolle der Transaktionen. Ein Risiko besteht in der Übernahme der Kontrolle eines Kryptowährungsnetzwerkes durch 51 Prozent der Rechenkapazität. Wenn sich 51 Prozent der Rechenkapazität in einer Hand befinden, sind alle Transaktionsbestätigungen von dieser Institution abhängig. Die Dezentralität des Netzwerkes, eines der Kernprinzipien für die Funktionsweise jeder Kryptowährung, wäre damit nicht mehr gegeben. Mit zunehmender Verbreitung und steigender Rechenkapazität eines Netzwerkes wird es jedoch immer schwieriger und kostspieliger, die Kontrolle darüber zu übernehmen.

Die einzelnen Rechenvorgänge beim Mining durch den Proof-of-Work sind kompliziert. Die Detailarbeit wird aber von einer Software erledigt, die im Vergleich zu den im Hintergrund ablaufenden Rechenprozessen sehr einfach zu bedienen ist. Wichtiger als die Rechenoperationen an sich ist die zur Verfügung stehende Leistungsfähigkeit der Computer zur Berechnung der Aufgaben. Die Rechenkapazität des Netzwerkes wird in Hashes pro Sekunde gemessen. Ein Hashwert ist ein Wert fester Länge, typischerweise codiert als hexadezimale Zeichenkette, der aus beliebigen Eingabedaten gewonnen wird. Da die Rechenleistung immer weiter ansteigt, ergeben sich ansteigende Messgrößen.

- H/s = Hashes pro Sekunde = 1 Hash-Berechnung pro Sekunde
- 1.000 H/s = 1 KH/s (Kilohash pro Sekunde)
- 1.000 KH/s = 1 MH/s (Megahash pro Sekunde)
- 1.000 MH/s = 1 GH/s (Gigahash pro Sekunde)
- 1.000 GH/s = 1 TH/s (Terahash pro Sekunde)
- 1.000 TH/s = 1 PH/s (Petahash pro Sekunde)

Um dem steigenden Schwierigkeitsgrad zu begegnen, verlagerte sich das Mining, die reine Rechenoperation, vom Hauptprozessor des Computers hin zu den Grafikkarten und deren Prozessoren. In den letzten Jahren haben Grafikkarten, die hauptsächlich in Spiele-PCs eingesetzt werden, enorme Entwicklungsschübe erfahren. Die auf den Karten eingesetzten Prozessoren sind zwar spezialisiert für bestimmte Rechenanwendungen, erledigen diese aber effizienter als Hauptprozessoren von Computern, die als Allrounder eine Vielzahl unterschiedlicher Rechenoperationen erledigen müssen. So werden neben Computerspielen auch bei der Videobearbeitung und Berechnung der dazugehörigen Effekte immer häufiger Grafikkarten eingesetzt. Auch für die Rechenoperationen des Proof-of-Work sind die Prozessoren von Grafikkarten (*Graphics Processor Unit*, kurz GPU) besser geeignet als die Hauptprozessoren von Computern (*Central Processor Unit*, kurz CPU). Je leistungsfähiger und teurer eine Grafikkarte ist, desto besser ist sie in der Regel auch für das Mining geeignet. Jedoch sind besonders leistungsfähige Grafikkarten auch durch einen erhöhten Stromverbrauch gekennzeichnet.

Durch den hohen Energieverbrauch regulärer Grafikkarten begann schon bald die Suche nach Alternativen, die durch steigende Wechselkurse beschleunigt wurde. Vor allem der Bitcoin-Kurs, der bereits im Jahr 2011 ein Hoch bei fast 32 Dollar erreicht hatte, ließ immer mehr Miner an den Start gehen. Dadurch stieg der Schwierigkeitsgrad immer weiter an. Seit 2012 begann deshalb eine neue Entwicklung, um dem steigenden Schwierigkeitsgrad und dem enormen Energieverbrauch zu begegnen. Es entstand ein völlig neuer Zweig der PC-Industrie, der sich mit der Entwicklung und Herstellung von ASIC (*Application Software in an Integrated Circuit*, dt. anwendungsspezifische integrierte Schaltung) für das Mining beschäftigt. Dabei handelt es sich um speziell für das Mining entwickelte Prozessoren, die sich durch eine enorm hohe Rechenleistung bei relativ geringem Stromverbrauch auszeichnen.

Mittlerweile bieten mehrere Unternehmen ASIC-Geräte in verschiedenen Leistungskategorien und Preisklassen an. Die Varianten reichen von einem ASIC-Miner mit einigen Gigahashes an Leistung in der Größe eines USB-Sticks bis hin zu Minern in der Größe eines Desktop-PCs mit mehreren Terahashes an Leistung. Es werden immer leistungsfähigere und teurere ASIC-Miner benötigt, um noch genügend Einheiten einer Kryptowährung erzeugen zu können. Durch den dadurch regelmäßig ansteigenden Schwierigkeitsgrad erzeugen die ASIC-Miner aber immer weniger Einheiten und häufig können sie nicht einmal mehr ihre Anschaffungskosten erwirtschaften. Da die Mining-Computer zwar effizienter werden, gleichzeitig aber immer mehr Geräte für den Proof-of-Work eingesetzt werden, steigt auch der Energieverbrauch an. Laut Daten von digiconomist.net verbrauchte das weltweite Bitcoin-Netzwerk 2018 ungefähr 72 Terawattstunden an Energie. Das entspricht dem jährlichen Stromverbrauch von Chile oder 0,32 Prozent des gesamten weltweiten Stromverbrauchs pro Jahr.

Das Wettrennen im Bereich der ASIC-Miner betrifft fast alle Kryptowährungen. Denn obwohl bei den Währungen unterschiedliche Algorithmen eingesetzt werden, gibt es mittlerweile spezielle ASIC-Miner, die einen oder mehrere der Algorithmen beherrschen. Bitcoin setzt den SHA256-Algorithmus zur Verschlüsselung ein. Die Abkürzung SHA steht für *Secure Hash Algorithm* (dt. sicherer Hash-Algorithmus). Mit dieser Hashfunktion soll ein eindeutiger Prüfwert für beliebige digitale Daten berechnet werden. Das Grundprinzip besagt, dass, wenn zwei Nachrichten den gleichen Prüfwert aufweisen, davon ausgegangen werden kann, dass es sich um dieselbe Nachricht handelt. Umgekehrt ist es praktisch unmöglich, zwei unterschiedliche Nachrichten mit dem gleichen Prüfwert zu erzeugen. Nachdem der ursprünglich entwickelte SHA1-Algorithmus als nicht mehr sicher galt, wurde die SHA2-Familie mit verschiedenen Arten – dem SHA224, SHA256, SHA384 und SHA512 – entwickelt. Die angefügte Zahl gibt jeweils die Länge des Hashwerts in Bit an. Um sich von Bitcoin abzugrenzen, setzen Litecoin und viele der auf dem Litecoin-Protokoll basierenden Kryptowährungen auf den Scrypt-Algorithmus. Die Hashfunktion Scrypt wurde entwickelt, um Rechenoperationen mit spezialisierter Hardware, wie ASIC-Miner, zu erschweren. Sie nutzt dazu die Tatsache, dass Arbeitsspeicher verhältnismäßig teuer ist und steigert durch dessen stärkere Nutzung die Kosten für Rechenoperationen. Deshalb ist Scrypt absichtlich sehr speicheraufwändig konzipiert worden. Mittlerweile gibt es aber auch ASIC-Miner für den Scrypt-Algorithmus.

Es ist zu beobachten, dass in letzter Zeit zunehmend Kryptowährungen auf dem Markt erscheinen, die keinen reinen Scrypt-Algorithmus mehr nutzen, sondern Abwandlungen oder Weiterentwicklungen für die es noch keine ASIC-Miner gibt. Diese Währungen sind entweder weiterhin nur mit Grafikkarten zu erzeugen oder nur mit dem Hauptprozessor eines Computers.

Eine Abwandlung des Scrypt-Algorithmus ist ScryptN mit adaptivem N-Faktor, der mit der Zeit ansteigt. Der N-Faktor bestimmt den Anteil des Arbeitsspeichers für das Lösen der Hashfunktionen. Mit steigendem N-Faktor nimmt die Mining-Effizienz ab, da mehr Arbeitsspeicher benötigt wird. Dadurch wird das Mining mit Grafikkarten oder ASIC zunehmend ineffizient und gleicht den Anfangsnachteil der CPU aus. Meist werden von der jeweiligen Kryptowährung bestimmte Intervalle, wie beispielsweise eine Anzahl von gelösten Blöcken, für den nächsten Anstieg vorgegeben.

Andere Algorithmen setzen auf eine Kombination mehrerer Hashfunktionen. So nutzt beispielsweise der X11-Algorithmus eine Verkettung aus elf unterschiedlichen Hashfunktionen. Dadurch wird X11 für ASIC ungeeignet und bleibt attraktiv für das Mining mit CPU und GPU.

Da der Schwierigkeitsgrad bei der Lösung der Blöcke aufgrund der wachsenden Anzahl an Minern immer weiter anstieg, benötigten selbst die besten Mining-Computer bald Jahre, um einen einzelnen Block zu lösen. Das sogenannte Solo-Mining, das Suchen nach den richtigen Lösungen für die Blöcke auf eigene Rechnung, wurde bald völlig unrentabel. Aus diesem Grund entstanden rasch Mining-Pools. Dabei handelt es sich um den

Zusammenschluss mehrerer Rechner zur Bündelung ihrer Rechenkapazität. Gemeinsam werden die Rechenoperationen schneller gelöst und die dabei erzeugten Einheiten werden je nach Beitrag des Einzelnen zur Lösung eines Blocks auf die beteiligten Rechner verteilt. Mittlerweile gibt es viele Mining-Pools für die einzelnen Kryptowährungen, die sich je nach regionalem Schwerpunkt und Gebühren unterscheiden.

Mining erscheint verlockend. Der Computer rechnet und verdient dabei stetig digitale Währungen. Da normale Computer dafür aber inzwischen ungeeignet sind, ist der Einstieg in das Mining mittlerweile nur noch mit erhöhtem Kapitalaufwand möglich. Außerdem kommen vor allem in Deutschland die hohen Energiekosten hinzu, die das Mining mit stromhungrigen Grafikkarten zusätzlich belasten. Oftmals ist es sinnvoller, einen Betrag statt in Hardware besser direkt in eine oder mehrere Kryptowährungen zu investieren.

Proof-of-Stake (PoS)

Das Prinzip des Proof-of-Work ist bei vielen Kryptowährungen die Standardprozedur zur Lösung der Blöcke und zur Erzeugung neuer Währungseinheiten. Die im August 2012 veröffentliche Peercoin (S. 177) setzte zusätzlich zu diesem Prinzip den sogenannten *Proof-of-Stake* (dt. Beteiligungsbeweis) ein. Im Gegensatz zur reinen Rechenleistung des Proof-of-Work setzt der Proof-of-Stake auf den Nachweis der Menge und des Alters einer Kryptowährung in einer Wallet.

Der Proof-of-Stake bietet quasi eine Verzinsung, indem in regelmäßigen Abständen eine bestimmte Menge neuer Währungseinheiten an die Besitzer von Guthaben verschickt werden, die den Betrag eine gewisse Zeit in ihrer Wallet gehalten haben. Um erneut an dem Prozess teilnehmen zu können, müssen die Währungseinheiten erst wieder eine bestimmte Zeit in der Wallet-Software verbleiben. Der Zeitraum und die Höhe der Verzinsung sind je nach Kryptowährung unterschiedlich. Die Auswahl, welche Wallets die Verzinsung erhalten, hängt vom Alter und der Menge der Einheiten darin ab. Für die Teilnahme genügt es, die Software mit dem Netzwerk zu verbinden. Bei den Blöcken, die durch Proof-of-Stake erzeugt werden, steht den Beteiligten dann eine sogenannte coinstake-Transaktion als erste Transaktion zu. Dazu senden die Nutzer das Guthaben, das sich bereits in ihrer Wallet befindet, erneut an sich selbst, erhöht um den im Block festgelegten Betrag, der neu ausgeschüttet wird. Sie verlieren ihre alten Währungseinheiten, erhalten aber neue und zusätzlich eine Verzinsung ihres alten Guthabens. Voraussetzung für die Teilnahme am Proof-of-Stake ist, dass die jeweilige Wallet online ist. Der Vorteil dabei ist, dass keine besondere Rechenkapazität oder Hardware benötigt wird. Ein normaler Computer, auf dem die Wallet-Software einer Proof-of-Stake-Währung läuft, reicht völlig aus. In Abgrenzung zum Mining durch den Proof-of-Work wird das Erzeugen neuer Währungseinheiten durch den Proof-of-Stake auch Minting (engl. *mint* = prägen) genannt. Der Proof-of-Stake wurde entwickelt, um dem steigenden Energiebedarf des Proof-of-Work entgegenzuwirken.

Eine besondere Form stellt der sogenannte Delegated Proof-of-Stake (DPoS) dar. In einem DPoS-System wählen die Nutzer andere Nutzer, denen sie vertrauen, um Transaktionen zu validieren. Diese werden dann zu Zeugen ernannt. Die Stimmen werden nach der Höhe des jeweiligen Guthabens gewichtet. Die Anzahl der Zeugen ist auf eine bestimmte Anzahl begrenzt. Sie sind für die Validierung von Transaktionen und die Blockgenerierung verantwortlich und erhalten im Gegenzug die entsprechenden Gebühren. Die Abstimmung ist ein kontinuierlicher Prozess und jeder Zeuge ist immer in Gefahr, durch einen anderen Nutzer ersetzt zu werden, der mehr Stimmen erhält und daher als vertrauenswürdiger angesehen wird. Anwender in einem in DPoS-Systemen wählen auch eine Gruppe von Delegierten. Dabei handelt es sich um Vertrauenspersonen, die für die Wartung des Netzwerks verantwortlich sind. Die Delegierten überwachen die Regeleinhaltung und Performance des gesamten Blockchain-Protokolls, spielen aber bei der Transaktionsvalidierung und Blockgenerierung keine Rolle.

Proof-of-Activity (PoA)

Beim *Proof-of-Activity* (dt. Aktivitätsbeweis) wird zuerst durch den Proof-of-Work ein Block bestätigt und an das Netzwerk der Kryptowährung gesendet. Er gilt aber erst dann als vollständig verifiziert, wenn eine bestimmte Anzahl an Nutzern mit Guthaben in ihrer Wallet den Block durch ihren privaten Schlüssel bestätigt haben. Dadurch wird der Proof-of-Stake mit dem Proof-of-Work kombiniert. Die Belohnung für die Blockgenerierung wird unter allen Beteiligten aufgeteilt. Damit wird sowohl die Bereitstellung von Rechenleistung vergütet als auch eine Verzinsung für die gehaltenen Guthaben gewährleistet. Zudem wird durch die Kombination der beiden Verfahren die Manipulation der Blöcke erschwert. Dadurch sollen sowohl Nutzer mit entsprechender Rechenkapazität als auch normale Anwender zum Gebrauch einer Kryptowährung animiert werden.

Proof-of-Capacity (PoC)

Statt Rechenleistung setzt der *Proof-of-Capacity* (dt. Kapazitäts-beweis) auf Kapazität in Form von Festplattenspeicher, den die Miner zur Verfügung stellen. Der Speicher wird durch Daten-segmente, die sogenannten Plots, reserviert und dem Netzwerk zur Verfügung gestellt. Je mehr Speicherplatz bereitgestellt wird, desto höher ist der Ertrag.

Proof-of-Importance (PoI)

Der *Proof-of-Importance* (dt. Beweis der Bedeutung) wurde von der Kryptowährung NEM (S. 182) eingeführt. Er funktioniert ähnlich wie der Proof-of-Stake. Nutzer müssen einen bestimmten Mindestbetrag in ihrer Wallet haben, um sich als Node zu quali-fizieren. Erst dann können sie für die Bestätigung von Blöcken ausgewählt werden und Belohnungen in Form neuer Währungs-einheiten erhalten. Beim Proof-of-Importance fließen in die Wahrscheinlichkeitsberechnung zur Bestimmung des nächsten Node neben der gehaltenen Menge auch die Nettotransfers der letzten 30 Tage ein, wobei neuere Transaktionen stärker gewich-tet werden. Zudem wird auch die Herkunft, d. h. von welchem Node die Transaktion gesendet wurde, in die Berechnung einbe-zogen. Je höher die Vernetzung des sendenden Nodes ist, desto höher ist die Bedeutung der Transaktion.

Übersicht über die Kryptowährungen

Bedeutende Kryptowährungen

Bitcoin (BTC)

Bitcoin wurde Anfang 2009 von einem Entwickler oder Team mit dem Pseudonym Satoshi Nakamoto eingeführt und war damit die erste Kryptowährung. Bitcoin weist viele Merkmale auf, die von den nachfolgenden Währungen direkt übernommen oder nur leicht variiert wurden. Die Währung ist dezentral ohne verwaltende Zentralbank oder betreuendes Unternehmen und sie wird in einem Peer-to-Peer-Netzwerk von allen Nutzern, die eine Basisversion der Bitcoin-Software installiert haben, transferiert. Es handelt sich um eine deflationäre Währung, die auf insgesamt 21 Millionen Einheiten begrenzt ist. Ein Großteil der Bitcoin wird bis zum Jahr 2040 erzeugt sein, die letzten Bitcoin-Einheiten werden um das Jahr 2140 erschaffen sein. Durch die Analyse der Bewegungen von Bitcoin auf der Blockchain gehen Experten davon aus, dass bis zu 20 Prozent der existierenden Bitcoin aufgrund von Hardwaredefekten, verlorenen Passwörtern oder anderen Ursachen nicht mehr zugänglich sind. Dadurch reduziert sich die im Umlauf befindliche Menge um bis zu vier Millionen Bitcoin.

Die Erzeugung von Bitcoin erfolgt durch komplexe Rechenoperationen. Bitcoin nutzte als erste Kryptowährung das Prinzip des Proof-of-Work mit dem SHA256-Algorithmus. Dabei werden die Transaktionen der Bitcoin-Nutzer in Blöcken zusammengefasst und durch Algorithmen auf ihre Richtigkeit überprüft.

Gleichzeitig sind in diesen Blöcken neue Bitcoin enthalten, die an die Nutzer ausgeschüttet werden, die Rechenkapazität zur Bestätigung der Blöcke zur Verfügung gestellt haben. Pro Block, der durchschnittlich alle zehn Minuten generiert wird, wurden zu Beginn 50 neue Bitcoin generiert. Die Menge der in einem Block neu geschaffenen Bitcoin halbiert sich alle 210.000 Blöcke, was einem Zeitraum von ungefähr vier Jahren entspricht. Im Gegensatz zu den Fiat-Währungen ist jeder Bitcoin bis auf die achte Nachkommastelle teil- und transferierbar. Die kleinste Einheit eines Bitcoins, 0,00000001 BTC, wird zu Ehren des Erfinders auch als Satoshi bezeichnet.

Basierend auf dem Konzept von Satoshi Nakamoto entstand das Bitcoin-Netzwerk mit der ursprünglichen Version der Software, die die ersten Bitcoin auf einem normalen Computer erzeugte. Der sogenannte Genesis-Block mit den ersten 50 Bitcoin wurde am 3. Januar 2009 von Satoshi Nakamoto generiert. Die ersten Bitcoin hatten noch keinen Referenzwert, deshalb wurde ihr Wert unter den Teilnehmern des Netzwerks ausgehandelt. Während des Jahres 2009 war das Bitcoin-Projekt nur einem kleinen Kreis von Internetnutzern bekannt. Bitcoin war ein Nischenprojekt, das Raum für Experimente bot. So wurden am 21. Mai 2010 in einem mittlerweile legendären Handel von einem Nutzer des Bitcointalk-Forums an einen anderen Nutzer 10.000 Bitcoin für die Lieferung zweier Pizzas bezahlt. Damals entsprach dies einem Betrag von etwa 25 Dollar. Legt man dagegen den Kurs vom Dezember 2017 zugrunde, zahlte der Nutzer für seine zwei Pizzas fast 200 Millionen Dollar.

Einen wesentlichen Schub erfuhr Bitcoin am 17. Juli 2010, als die Online-Plattform Mt.Gox eröffnet wurde. Damit war eine zentrale, leicht zugängliche Handelsplattform geschaffen worden, um Bitcoin in andere Währungen, wie Dollar und Euro, tauschen zu können. Einen schweren Rückschlag für das System gab es am 15. August 2010, als eine ernsthafte Sicherheitslücke im Bitcoin-System entdeckt wurde. Transaktionen wurden nicht ordnungsgemäß verifiziert, bevor sie in die öffentlich zugängliche Blockchain geschrieben wurden. Dadurch war es möglich, die Einschränkungen des Systems zu umgehen und beliebig viele Bitcoin zu generieren. Diese Lücke wurde ausgenutzt als insgesamt 184 Milliarden Bitcoin an zwei Adressen des Netzwerkes übertragen wurden. Das entsprach der 8762-fachen Menge aller jemals im System existierenden Bitcoin. Die Transaktion wurde nur wenige Stunden danach bemerkt und die Sicherheitslücke sofort geschlossen. Die fälschlicherweise erzeugten Bitcoin wurden gelöscht, und bis heute blieb dies die einzige ernsthafte Sicherheitslücke im Bitcoin-System.

Am 6. November 2010 erreichte die Bitcoin-Notierung bei Mt.Gox den Wert von 0,50 Dollar, was den Wert der im Umlauf befindlichen Bitcoin auf eine Million Dollar katapultierte. Im Februar 2011 lag der Kurs bei einem Dollar pro Bitcoin. Der Kursanstieg setzte sich rasant fort und erreichte am 8. Juni den neuen Höchststand von 31,91 Dollar pro Bitcoin. Im Juni 2011 kam es zu einem erfolgreichen Hackerangriff auf die Handelsplattform Mt.Gox, was einen dramatischen Preiseinbruch zur Folge hatte. Der Kurs stürzte kurzzeitig auf 0,01 Dollar ab, da durch den Angriff sowohl Nutzerdaten und Bitcoin gestohlen worden waren als auch viel Vertrauen in die neue Währung verloren gegangen war. Danach wurde es ruhiger um Bitcoin und der Kurs stabilisierte sich auf niedrigem Niveau.

Im Jahr 2012 kam es ab der zweiten Jahreshälfte zu einer Kurserholung, die sich auch 2013 fortsetzte. Ob die digitale Währung im Zusammenhang mit der Eurokrise und insbesondere mit der Zypernkrise als Fluchtmöglichkeit für Sparguthaben und andere Vermögenswerte angesehen wurde, ist unklar. Jedenfalls erreichte der Kurs am 28. Februar 2013 seinen alten Höchststand aus dem Jahr 2011 von 31,91 Dollar, um danach schnell weiter anzusteigen. Am 6. März stand der Kurs bereits bei 48 Dollar und am 28. März hatte der Kurs 94 Dollar erreicht. Am 10. April erreichte er den Stand von 266 Dollar. An diesem Tag brach die Handelsplattform Mt.Gox zusammen. Offiziell lautete die Begründung, dass sich zu viele neue Nutzer gleichzeitig angemeldet hätten. Als der Handel wieder möglich war, brach der Kurs innerhalb weniger Tage auf 55 Dollar ein, um sich dann im Bereich von 100 bis 120 Dollar zu stabilisieren.

Von Oktober 2013 an gab es eine erneute Kursbeschleunigung, angefeuert durch eine verstärkte Nachfrage vor allem aus China. Der Kurs erreichte am 29. November 2013 ein neues Allzeithoch mit 1.242 Dollar. Damit war ein Bitcoin erstmals teurer als eine Unze Gold, die zu der Zeit bei 1.241,98 Dollar notierte. Aufgrund diverser Regulierungen durch die chinesische Zentralbank und eines angeblichen Problems bei der Handelsbörse Mt.Gox, die kurzzeitig alle Bitcoin-Abhebungen sperrte, sank der Kurs im Februar 2014 wieder auf 600 Dollar. Ende Februar 2014 erfolgte ein Absturz auf unter 400 Dollar. Grund dafür war die Insolvenz der einst größten Bitcoin-Handelsbörse Mt.Gox. Nachdem sich die Schwierigkeiten schon Ende 2013 gehäuft hatten und es bereits Wochen zuvor nicht mehr möglich gewesen war, Bitcoin von Mt.Gox abzuheben, ging die Seite am 25. Februar 2014 komplett offline. Der Grund dafür war, dass Mt.Gox die Mittel

ausgegangen waren, denn durch Softwarefehler und Hackeran-
griffe sollen insgesamt etwa 850.000 Bitcoin verloren gegangen
sein.

Nach einer längeren Ruhephase begann der Bitcoin-Kurs ab
Oktober 2015 wieder zu steigen. Anfang 2016 notierte er bei
knapp 450 Dollar, um gegen Mitte des Jahres wieder 750 Dollar
zu erreichen. Am 3. Januar 2017 überschritt der Bitcoin-Kurs
erneut die 1.000-Dollar-Marke. Am 1. April 2017 erklärte Japan
den Bitcoin zum legalen Zahlungsmittel. Als Reaktion darauf
erreichte der Bitcoin-Kurs am 21. Mai 2017 erstmals die Marke
von 2.000 Dollar pro Bitcoin. Am 6. August 2017 betrug der
Wert eines Bitcoins erstmals 3.000 Dollar und am 14. August
2017 lag der Wert bereits bei 4.000 Dollar-Marke. Ende Oktober
2017 kündigte die Chicagoer Börse CME an, einen Terminkontrakt auf den Bitcoin aufzulegen. Die Konkurrenzbörse CBOE
legte Ende 2017 ebenfalls einen Terminkontrakt auf Bitcoin auf.
Damit wird institutionellen Anlegern, wie Fonds oder Versicherungen, die Möglichkeit eröffnet, im bis dahin unregulierten
Bitcoin-Markt zu agieren und sich gegen die schwankenden Bit-
coin-Kurse abzusichern. In Folge der Ankündigung stieg der
Kurs auf 7.500 Dollar und erreichte kurz nach Einführung des
Future-Handels ein neues Allzeithoch bei knapp 20.000 Dollar.
Auch die Berichterstattung in den Medien nahm Ende 2017 rasant zu. Einige Kryptowährungsbörsen ließen zeitweise keine
Neuanmeldungen mehr zu, da sie dem Ansturm neuer Kunden
nicht mehr gewachsen waren. Die Volatilität des Bitcoin-Kurses
blieb weiterhin hoch, denn kurz nach seinem Allzeithoch brach
der Kurs im Februar 2018 um 70 Prozent auf unter 6.000 Dollar
ein, um danach wieder um fast 100 Prozent zu steigen. Anschlie-
ßend fiel der Kurs wieder auf 6.000 Dollar.

Das stark gestiegene Interesse an Bitcoin führte zu einer hohen Zahl neuer Nutzer und einer steigenden Anzahl an Transaktionen. Das Bitcoin-System geriet zeitweise an die Grenzen der Leistungsfähigkeit, da nur eine bestimmte Anzahl an Transaktionen pro Sekunde abgewickelt werden kann. Es kam zu Verzögerungen beim Transfer und zu stark steigenden Transaktionsgebühren. Nach zahlreichen Diskussionen innerhalb der Bitcoin-Community wurde im August 2017 das Update Segregated Witness (SegWit) aktiviert. Durch SegWit werden die Daten effizienter verteilt und dadurch können pro Block mehr Transaktionen abgewickelt werden. Außerdem ist SegWit kompatibel mit älteren Softwareversionen und verhindert die Verfälschung von Transaktionen. SegWit ist auch eine Voraussetzung für den Einsatz des sogenannten Lightning Networks. Dadurch werden Transaktionen über viele separate Kanäle ausgeführt, die es ermöglichen, vielfache Zahlungen an der Blockchain vorbei vorzunehmen. Zwei Nutzer können beliebig viele Transaktionen untereinander vornehmen, ohne dass die Gesamtheit aller Teilnehmer der Blockchain über den Geldfluss informiert wird. Lediglich der Endbetrag ihrer Transaktionen wird im Nachhinein in der Blockchain für alle transparent vermerkt. Die Grundlage dafür sind Smart Contracts und vorab festgelegte Fristen für die Transfers.

Die Implementierung der technischen Neuerungen im Bitcoin-Protokoll war begleitet von heftigen Diskussionen innerhalb der Nutzergemeinschaft. Dies führte nicht nur zu zeitlichen Verzögerungen, sondern auch zu Abspaltungen von Nutzergruppen. Mehrere Entwickler und Nutzergruppen haben durch die Veränderung der Bitcoin-Software eigene Versionen der Kryptowährung erschaffen, die inkompatibel zum ursprünglichen Bitcoin sind. Auf diese Weise entstanden beispielsweise die Projekte Bitcoin Cash (S. 89) und Bitcoin Gold (S. 106) sowie zahlreiche weitere Bitcoinabwandlungen.

Die Kurskapriolen haben ein großes Interesse und eine stark zunehmende Berichterstattung in den Medien hervorgerufen, die Bitcoin einer immer größeren Zahl von Menschen bekannt gemacht hat. Bitcoin ist die Kryptowährung, mit der sich auch viele Regierungen bereits befasst haben. Ein Komitee des US-Senats beschäftigte sich am 18. November 2013 im Rahmen einer Anhörung mit den digitalen Währungen und ihrem Einfluss auf kriminelle Aktivitäten. Natürlich kam dabei auch Bitcoin zur Sprache, denn erst kurz zuvor war mit Silk Road eine Internethandelsplattform für illegale Waren aller Art, wie z. B. Drogen und Waffen, vom FBI geschlossen worden. Bitcoin war die einzige dort akzeptierte Währung. In der Anhörung berichteten die verschiedenen Ermittlungsbehörden über ihr Vorgehen beim Kampf gegen die Kriminellen. Sie stellten dabei auch heraus, dass Bitcoin an sich nicht illegal sei und auch keine illegalen Aktivitäten fördere. Auch die Senatsmitglieder waren Bitcoin gegenüber nicht negativ eingestellt. Es wurden mehrfach die Chancen und das Potenzial von Kryptowährungen betont. Die positive Grundhaltung wurde in einer weiteren Anhörung vor dem US-Senat im Februar 2018 bestätigt.

Anders als in Japan ist Bitcoin in Deutschland kein gesetzliches Zahlungsmittel, allerdings ist es nach der Feststellung der Bundesanstalt für Finanzdienstleistungsaufsicht (BaFin) eine Rechnungseinheit, welche in „multilateralen Verrechnungskreisen" eingesetzt werden kann, und somit ein Finanzinstrument im Sinne des Kreditwesengesetzes (KWG). Damit ordnet die BaFin

Bitcoin als mit Devisen vergleichbare Werteinheiten ein. Weiterhin seien Gewinne aus dem Verkauf von Bitcoin ein privates Veräußerungsgeschäft und unterlägen damit der Einkommensteuer. Werden Bitcoin innerhalb von zwölf Monaten nach der Anschaffung verkauft, sind Gewinne in voller Höhe als „sonstige Einkünfte" mit dem individuellen Steuersatz zu versteuern. Abgeltungsteuer fällt darauf nicht an, denn es handelt sich steuerlich nicht um Kapitaleinkünfte. Erfolgt der Verkauf von Bitcoin nach dem Ablauf von zwölf Monaten, sind Gewinne vollkommen steuerfrei und Verluste steuerlich unbeachtlich. Damit wurde Bitcoin steuerlich dem Gold gleichgestellt, denn auch Spekulationsgewinne beim Edelmetall sind nach zwölf Monaten steuerfrei. Das Bundesfinanzministerium stellte im Jahre 2013 fest, dass Bitcoin zwar kein gesetzliches Zahlungsmittel, aber doch privates Geld darstellt und deshalb von der Umsatzsteuer befreit ist. Diese Ansicht wurde später durch den Europäischen Gerichtshof bestätigt.

Durch den hohen Bekanntheitsgrad von Bitcoin und die beginnende staatliche Regulierung ergibt sich eine stärkere Rechtssicherheit als bei den anderen Kryptowährungen, die dazu führt, dass in den USA, Asien und Europa zahlreiche Unternehmen entstanden sind, die Geschäftsmodelle rund um Bitcoin und die Blockchain entwickeln.

Homepage: https://bitcoin.org/de

Bitcoin Cash (BCH)

Bitcoin Cash entstand am 1. August 2017 mit der Blocknummer 478.558 durch eine Abspaltung aus der Bitcoin-Blockchain. Zu diesem Zeitpunkt wurde die Blockchain in zwei getrennte Ketten aufgeteilt. Jeder, der zu diesem Zeitpunkt Bitcoin besessen und Zugriff auf seinen privaten Schlüssel hatte, erhielt automatisch dieselbe Menge an Bitcoin Cash. Der Grund für die Aufspaltung lag in einer Meinungsverschiedenheit unter den führenden Entwicklern in der Frage der Skalierung der Bitcoin-Software, die in ihrer ursprünglichen Form die stetig steigende Zahl von Transaktionen nicht mehr bewältigen konnte. Die neue Software von Bitcoin Cash löst das Skalierungsproblem, indem sie die Blockgröße von den bei Bitcoin festgelegten ein Megabyte auf acht Megabyte erhöht und damit die Transaktionsgeschwindigkeit verbessert. Außerdem wurde Segregated Witness (SegWit) entfernt, eine in der Bitcoin-Community vorgeschlagene Codeanpassung, die darauf abzielt, Blockspeicherplatz freizugeben, indem bestimmte Teile der Transaktion entfernt werden. Bitcoin Cash verfügt nicht über ein zentrales Entwicklerteam, sondern stützt sich auf mehrere separate Teams, die Wallet-Clients zur Verfügung stellen, darunter Bitcoin ABC, Bitcoin Classic, Bitcoin Unlimited und Bitcoin XT.

Transaktionen von Bitcoin Cash benutzen einen neuen Signatur Hashing Algorithmus. Diese Signaturen sind auf der ursprünglichen Bitcoin-Blockchain nicht gültig. Dies verhindert die Wiederholung von Transaktionen von Bitcoin Cash auf der Bitcoin-Blockchain und umgekehrt. Bitcoin Cash setzt, wie Bitcoin, den SHA256-Algorithmus für den Proof-of-Work ein und die Gesamtmenge wird ebenfalls bei 21 Millionen Einheiten liegen.

Bei Bitcoin wird der Schwierigkeitsgrad zum Finden neuer Blöcke alle 2.016 Blöcke angepasst, was bei einer normalen Blockgenerierung von zehn Minuten zwei Wochen entspricht. Bitcoin Cash hat eine flexible Anpassungsrate der Schwierigkeit, die bei jedem neuen Block angepasst wird, basierend auf einem gleitenden Durchschnitt der Intervalle der letzten 144 Blöcke. Dies soll langfristig ebenfalls zu einer durchschnittlichen Generierung von Blöcken innerhalb von zehn Minuten führen.

Homepage: https://www.bitcoincash.org

Dash (DASH)

Dash wurde im Januar 2014 ursprünglich unter dem Namen XCoin veröffentlicht. Kurz darauf wurde der Name zu Darkcoin geändert und 2015 schließlich zu Dash. Die Bezeichnung ist eine Fusion der Wörter Digital Cash. Zusätzlich zu den von Bitcoin bekannten Funktionen bietet Dash durch das Feature InstantSend sofortige Transaktionen und durch das Feature PrivateSend private Transaktionen an. Dash nutzt den X11-Algorithmus, der aus elf verschiedenen Algorithmen besteht. Dadurch ist Dash einerseits für das Mining mit CPU geeignet und andererseits soll damit absolute Anonymität bei den Transaktionen ermöglicht werden. Die Gesamtmenge wird bei 18,9 Millionen DASH liegen.

Im Gegensatz zum Bitcoin-Netzwerk, in dem alle Aufgaben von denselben Minern ausgeführt werden, nutzt Dash ein zweistufiges Netzwerk. Bestimmte Netzwerkfunktionen, wie beispielsweise das Anlegen neuer Blöcke, werden von den regulären Minern durch den Proof-of-Work übernommen. Die zweite Schicht des Dash-Netzwerks besteht aus sogenannten Masternodes, die

PrivateSend-, InstantSend- und Verwaltungsfunktionen übernehmen. Im Rahmen der PrivateSend-Funktion werden durch die Masternodes Transaktionen mit verschiedenen Beträgen zuerst aufgeteilt und dann zu einer oder mehreren neuen Transaktionen zusammengefügt, ehe sie an den Empfänger geschickt werden. Dadurch soll eine wesentlich höhere Anonymität erreicht werden, indem keine Informationen über Absender, Empfänger und Betrag mehr nachvollziehbar sind.

Masternodes benötigen ein hinterlegtes Guthaben von mindestens 1.000 Dash als Sicherheit. Das Guthaben kann jederzeit ausgegeben werden, aber dadurch geht auch der Status als Masternode verloren. Da Masternodes wichtige Netzwerkfunktionen bereitstellen, wird die Belohnung eines jeden Blocks zwischen den Minern und den Masternodes aufgeteilt, wobei jede Gruppe 45 Prozent der Belohnung erhält. Die verbleibenden zehn Prozent jeder Blockprämie finanzieren das Budget des Systems.

Durch die Eigenfinanzierung des Systems aus einem Teil der Blockbelohnungen konnte das Dash-Team, das für die Entwicklung der Währung verantwortlich ist, Mitte 2017 auf 30 Vollzeitmitarbeiter, 20 Teilzeitmitarbeiter und Dutzende unbezahlte Freiwillige anwachsen. Alle Mitarbeiter des Kernteams werden aus dem Budgetsystem von Dash bezahlt und sind daher nicht auf Spenden oder Sponsoring angewiesen, da dies zu Interessenkonflikten führen könnte. Die Entwicklung wurde durch die Preisentwicklung von Dash ermöglicht. Während im September 2015 ca. 14.000 Dollar Einnahmen aus dem Budgetsystem zur Verfügung standen, waren es im Mai 2017 bereits mehr als 650.000 Dollar. Das System erzeugt eine positive Feedbackschleife. Durch die zusätzlichen Entwickler wird die Funktionalität und Akzeptanz von Dash erhöht. Dadurch steigt der Wert an, wodurch sich die Einnahmen aus dem Budgetsystem zur Bezahlung von neuen Entwicklern ebenfalls erhöhen.

Homepage: https://www.dash.org/de

Ethereum (ETH)

Ethereum ist eine Software-Plattform, die neben einer Währung namens Ether auch eine Vertragsfunktionalität bietet. Das Ethereum-Konzept wurde Ende 2013 von Vitalik Buterin, einem Programmierer und Mitglied der Bitcoin-Community, vorgeschlagen. Die Entwicklung wurde von Juli bis August 2014 durch ein Initial Coin Offering finanziert. Dabei wurden 60 Millionen Ether erzeugt und an Investoren verkauft. 12 Millionen Ether flossen an die Entwickler, frühe Unterstützer und die Ethereum-Stiftung. Danach wurden Ether durch Mining hergestellt, wobei der Proof-of-Work eingesetzt wird. Pro Block, der alle 15 bis 17 Sekunden generiert wird, werden fünf Ether ausgeschüttet. Ein Update der Ethereum-Software, das auf dem Proof-of-Stake basiert, soll die Inflationsrate auf 0,5 Prozent bis zwei Prozent senken. Langfristig soll nur noch der Proof-of-Stake zur Erzeugung neuer Ether eingesetzt werden.

Mit der Ethereum-Plattform lassen sich sogenannte Smart Contracts realisieren, d. h. automatisch anhand vorab festgelegter Bedingungen ablaufende Verträge. Ethereum stellt auch eine Kryptowährung namens Ether zur Verfügung, die einerseits zur Kompensation der Miner verwendet wird und andererseits als Zahlungsmittel bei den Smart Contracts eingesetzt wird. Sie fungiert aber nicht nur als digitale Währung, sondern auch als

Grundlage für die dezentralen Apps im Netzwerk. Wenn ein Benutzer etwas in einer der Apps von Ethereum ändern möchte, muss er eine Transaktionsgebühr entrichten, damit das Netzwerk die Änderung bearbeiten kann.

Obwohl Smart Contracts grundsätzlich in allen Blockchains implementiert werden können, setzte Ethereum dieses Prinzip erstmals als Alleinstellungsmerkmal ein. Ein Smart Contract ist ein elektronischer Vertrag, der vorab definierte Regeln überwacht und bestimmte Aktionen bei Vorliegen eines Ereignisses selbstständig ausführen kann. In der Logik einer „Wenn, dann"-Bedingung können während des Vertragsverlaufs bestimmte verknüpfte Aktionen, z. B. Auszahlungen oder die Übertragung von Rechten, ausgeführt werden, wenn ein entsprechendes Ereignis, z. B. die Erfüllung einer festgelegten Leistung, vorliegt.

Die Ethereum Virtual Machine (EVM) ermöglicht es Anwendern, ihre eigenen Operationen zu erstellen. Anwendungen werden mit der für Ethereum entwickelten Programmiersprache Solidity erstellt. Es handelt sich um eine objektorientierte Programmiersprache mit einer JavaScript-ähnlichen Syntax. Da jeder Ethereum-Knoten die EVM betreibt, profitieren die darauf basierenden Anwendungen davon, da sie keine eigene Blockchain aufbauen müssen. Außerdem bietet Ethereum die Entwicklung von dezentralisierten Apps, sogenannten Dapps, an. Eine Anwendung bzw. App ist formal definiert als ein Programm oder ein Stück Software, das entwickelt und geschrieben wurde, um einen bestimmten Zweck des Benutzers zu erfüllen. Dapps haben ähnliche Funktionen, laufen aber auf einem ganzen Netzwerk von Knoten und nicht auf einer zentralen Stelle, wie einem Computer oder Server. Die Tatsache, dass sie dezentralisiert sind, verschafft Dapps einen enormen Vorteil gegenüber herkömmlichen Apps. Sie sind als Open Source konzipiert, können nicht ausfallen und Hacking-Angriffe werden durch die dezentrale Struktur erschwert. In vielen Fällen können Benutzer nicht zwischen Dapps und normalen Apps unterscheiden. Dapps verwenden HTML- oder JavaScript-Webanwendungen und sehen für die meisten Nutzer genauso aus wie andere Anwendungen.

Im Jahr 2016 hat eine Organisation namens „The DAO" eine Reihe von Smart Contracts auf der Ethereum-Plattform entwickelt und einen Rekordumsatz von 150 Millionen Dollar in einem Anteilsverkauf zur Finanzierung des Projekts erzielt. Allerdings wurden 50 Millionen Dollar in einem Hackerangriff gestohlen. Das Ereignis löste unter den Nutzern eine Debatte darüber aus, ob Ethereum einen Hard Fork durchführen sollte, um die gestohlenen Gelder wieder an die Eigentümer zu übertragen. In Folge des Streits teilte sich das Ethereum-Netzwerk durch einen Fork in zwei getrennte Blockchains. Die Version der neuen Blockchain, die das gestohlene Guthaben an die ursprünglichen Besitzer zurückführte, nannte sich Ethereum und die Version, die auf der ursprünglichen Blockhain weiterlief, wurde Ethereum Classic (S. 114) genannt. Es zeigte sich schnell, dass die abgespaltene Blockchain mit Ethereum den größeren Zuspruch fand.

Durch Smart Contracts und Dapps hat die Ethereum-Plattform zahlreiche neue Kryptowährungsprojekte ermöglicht. So sind beispielsweise Augur (S. 186), Decentraland (S. 191), FunFair (S. 194), Golem (S. 196) und OmiseGo (S. 203) auf Ethereum publiziert worden.

Homepage: https://www.ethereum.org

Litecoin (LTC)

Wenn Bitcoin digitales Gold ist, dann ist Litecoin digitales Silber. So ist jedenfalls die gängige Ansicht vieler Nutzer. Das mag vor allem am niedrigeren Preis liegen. Denn während Bitcoin ein Allzeithoch von knapp 20.000 Dollar hatte, lag der Litecoin-Höchstkurs bei knapp 370 Dollar. Abgesehen vom Preis gibt es aber viele Ähnlichkeiten, denn das Litecoin-System basiert auf dem Bitcoin-Protokoll. Das System, das am 7. Oktober 2011 von Charlie Lee, einem ehemaligen Google-Mitarbeiter veröffentlicht wurde, nutzt ebenfalls ein Open-Source-Verschlüsselungsprotokoll und wird nicht zentral gesteuert oder kontrolliert.

Wie Bitcoin, so werden auch Litecoin durch ein Peer-to-Peer-Netzwerk verwaltet, das alle Transaktionen bestätigt. Die Transaktionen werden in Blöcken zusammengefasst und durch Hashfunktionen bestätigt. Die Rate, mit der Blöcke generiert werden, bildet eine geometrische Reihe und halbiert sich alle vier Jahre, bis die vordefinierte Gesamtmenge von 84 Millionen Litecoin erreicht ist.

Im Gegensatz zu Bitcoin nutzt Litecoin Scrypt als kryptologische Hashfunktion. Dadurch werden Berechnungen mit spezialisierter Hardware wie ASIC erschwert. Nachdem sich bei Bitcoin teure Spezial-Hardware in Form der ASIC-Miner durchgesetzt hatte, wurde die Entscheidung für den Scrypt-Algorithmus von den Litecoin-Entwicklern bewusst getroffen, um Anwendern, die nicht Tausende von Dollar oder Euro für Hardware ausgeben können, eine Chance zu gewähren, Litecoin durch Mining zu generieren. Die große Akzeptanz von Litecoin und die ansehnliche Wertsteigerung führte aber dazu, dass mittlerweile spezielle Scrypt-ASIC-Miner produziert werden, die – entgegen dem Gedanken der Entwickler – Mining nur noch durch die Investition größerer Summen rentabel erscheinen lassen.

Die Blöcke werden im Litecoin-Netzwerk alle 2,5 Minuten und nicht wie im Bitcoin-Netzwerk alle 10 Minuten erzeugt, was für die Nutzer zu schnelleren Transaktionsbestätigungen führt. Das Litecoin-Netzwerk produziert daher im gesamten Verlauf auch viermal so viele Einheiten wie Bitcoin, insgesamt 84 Millionen. Genauso wie Bitcoin ist auch Litecoin bis auf die achte Nachkommastelle teil- und transferierbar.

Im Dezember 2017 teilte der Litecoin-Erfinder Charlie Lee mit, dass er all seine Litecoin verkauft habe. Als Grund nannte er Interessenkonflikte und das hohe Kursrisiko. Dennoch wolle er weiter an der Entwicklung von Litecoin arbeiten.

Homepage: https://litecoin.org/de

Monero (XMR)

Monero, dessen Name aus der Sprache Esperanto übernommen wurde und Münze oder Währung bedeutet, wurde im April 2014 veröffentlicht. Ursprünglich hieß die Währung BitMonero, aber nach einigen Tagen votierten die Nutzer für eine Verkürzung des Namens zu Monero. Das Entwicklerteam besteht im Kern aus sieben Mitgliedern, von denen fünf anonym sind.

Monero will seinen Fokus auf Anonymität und Dezentralisierung legen. Im Gegensatz zu vielen Währungen, die sich aus einer Abspaltung von Bitcoin entwickelt haben, wurde der Code von Monero komplett neu programmiert. Die Neuentwicklung führte zu einigen Unterschieden im Vergleich zu den anderen Kryptowährungen. So ist Monero bis auf zwölf dezimale Nachkommastellen teilbar, d. h. die kleinste Währungseinheit beträgt 0,000000000001 Monero.

Der bei Monero eingesetzte Proof-of-Work-Algorithmus CryptoNight ist im Unterschied zum SHA256-Algorithmus von Bitcoin sehr speicherintensiv. Dadurch ist er besonders für reguläre Hardware, wie CPU und Grafikkarten geeignet ist. Sollten dennoch ASIC entwickelt werden, kann der Mining-Algorithmus entsprechend angepasst werden, um der Monero-Philosophie des dezentralen Minings weiter treu zu bleiben. Das Ziel-Intervall zur Blockgenerierung beträgt zwei Minuten. Im Gegensatz zu vielen Kryptowährungen, die den Schwierigkeitsgrad beim Mining in festen Intervallen anpassen, wird er bei Monero kontinuierlich verändert.

Die Menge der pro Block neu generierten Monero sinkt kontinuierlich von Block zu Block. Sobald die emittierte Geldmenge 18,132 Millionen Monero erreicht, was wahrscheinlich im Jahr 2022 geschehen wird, wird die Menge der neu erzeugten Monero pro Block auf 0,6 Monero fixiert. Dadurch werden pro Jahr 157.788 Monero erzeugt. Voraussichtlich um das Jahr 2130 wird die erzeugte Gesamtmenge bei ca. 35 Millionen Monero liegen.

Durch die feste Menge von 157.788 Monero, die ab 2022 ausgeschüttet wird, liegt die Inflationsrate bei einer Geldmenge von 18,132 Millionen Monero bei anfänglich 0,87 Prozent pro Jahr. Da aber durch den Verlust von privaten Schlüsseln und Hardwaredefekten immer wieder Monero verloren gehen werden, soll sich langfristig ein Gleichgewicht zwischen der Rate verlorener und neu erzeugter Monero einstellen. Das Ziel von Monero ist, trotz der dauerhaften Erzeugung neuer Währungseinheiten, langfristig eine inflationsfreie Währung zu schaffen.

Das bei Monero eingesetzte CryptoNote-Protokoll verwendet Ring-Signaturen und Stealth-Adressen. Stealth-Adressen sind besonders geschützt, weil in der Blockchain die Geldein- und ausgänge auf einer Adresse nicht öffentlich einsehbar sind. Dies ist nur mittels des privaten Schlüssels möglich oder mit Hilfe eines Viewkey, den der Besitzer des privaten Schlüssels optional veröffentlichen oder an einen Dritten weitergeben kann. Ring-Signaturen ermöglichen die starke Verschleierung und Vermischung von Transaktionen. Dadurch wird ein Nachverfolgen von Geldströmen durch Dritte mittels Blockchain-Analyse sehr schwer bis praktisch unmöglich gemacht. Am 10. Januar 2017 wurde die Anonymität der Transaktionen von Monero durch die Implementierung des Algorithmus *Confidential Transactions* (dt. vertrauliche Transaktionen) weiter gestärkt. Dadurch werden auch die transferierten Beträge verborgen.

Aufgrund der hohen Anonymität bei den Transaktionen kann Monero auch von Besitzern anderer Kryptowährungen eingesetzt werden. Sie tauschen ihr Guthaben in Monero und nach einiger Zeit zurück in die ursprüngliche Währung, um die Nachverfolgung zu erschweren. Aufgrund der Ring-Signaturen sind Monero-Transaktionen im Datenvolumen deutlich größer als Bitcoin-Transaktionen. Dadurch wird auch die Blockchain bei gleichem Transaktionsaufkommen deutlich schneller wachsen und mehr Speicherplatz als bei Kryptowährungen ohne zusätzliche Anonymisierungsmöglichkeiten benötigen.

Homepage: https://getmonero.org

Ripple (XRP)

Ripple ist die native Währung des Zahlungs- und Devisenhandelsnetzwerks Ripple. Ripple wurde 2012 veröffentlicht und will sichere, sofortige und nahezu kostenlose Finanztransaktionen jeder Größe ohne Rücklastschriften ermöglichen. Der Hauptunterschied zu den anderen Kryptowährungen liegt in der Entstehung. Die Erfinder des Ripple-Systems haben die komplette Menge von 100 Milliarden Ripple bereits vorab erzeugt und übertrugen davon 80 Milliarden an das Unternehmen Ripple Labs, das 55 Milliarden an die Nutzer des Ripple-Netzwerks verteilen will. Dennoch können Ripple auch auf verschiedenen Handelsplattformen erworben werden.

Um das Ripple-Netzwerk nutzen zu können, ist zunächst die Erstellung einer entsprechenden Wallet nötig. Im Unterschied zu anderen Kryptowährungen werden Ripple ausschließlich in einer Online-Wallet verwaltet. Dadurch besteht eine direkte Abhängigkeit vom Betreiber Ripple Labs. Das Netzwerk ist aber dezentralisiert und kann auch ohne die Firma betrieben werden.

Die zentrale Verwaltung durch eine Firma ermöglicht schnelle Transaktionen, auch zwischen verschiedenen Währungen. Ripple bestätigt die Transaktionen innerhalb von Sekunden. Ripple fungiert dabei als Brückenwährung, denn es sind auch Transaktionen mit anderen Währungen möglich. Im Falle einer Zahlung von US-Dollar an Euro kann dies ein direkter Tausch von US-Dollar in Euro sein, aber es ist auch ein mehrfacher Zwischentausch, z. B. von US-Dollar an Kanadischen Dollar an Ripple an Euro, möglich. Der Algorithmus ist darauf ausgelegt, die für den Nutzer günstigsten Transfergebühren zu ermitteln. Dies kann ein direkter Transfer sein oder je nach Marktlage eine Transaktion über mehrere andere Währungen als Zwischenstufe. Das Tauschprinzip funktioniert auch mit Bitcoin, sodass Ripple-Nutzer Zahlungen in Bitcoin leisten können.

Wenn ein Nutzer eine Transaktion durchführt, berechnet Ripple eine Transaktionsgebühr. Ziel der Gebühren ist es, Angriffe für Hacker zu teuer zu machen. Wären Ripple-Transaktion kostenlos, könnten Hacker große Mengen von gefälschten Konten und gefälschten Transaktionen in das Netzwerk einschleusen, um es zu überlasten. Um Transaktionen durchführen zu können, muss jedes Ripple-Konto ein Mindestguthaben von 20 Ripple aufweisen. Zudem wird eine Transaktionsgebühr von mindestens 0,00001 Ripple berechnet. Diese Transaktionsgebühr wird jedoch nicht von Ripple Labs einbehalten, sondern die Ripple werden vernichtet. Die Transaktionsgebühr erhöht sich, wenn ein Nutzer mit einer hohen Frequenz handelt. Sie normalisiert sich dann nach einer Phase der Inaktivität wieder.

Im Juli 2014 konnte Ripple Labs den früheren Bundeswirtschafts- und Verteidigungsminister Karl-Theodor zu Guttenberg als Berater verpflichten. Guttenberg soll Ripple helfen, die diversen regulatorischen Fallstricke zu vermeiden, die sich bei der Einführung eines neuen Währungssystems ergeben.

Ripple wird sowohl von Banken wie UniCredit, UBS und Santander als auch von Zahlungsnetzwerken als Abwicklungsinfrastruktur eingesetzt. Im September 2016 kündigte Ripple die Gründung der ersten Interbankengruppe für den globalen Zahlungsverkehr an, die auf dezentraler Finanztechnologie basiert. Seit April 2017 gehören dem Netzwerk mit dem Namen Global Payments Steering Group die Bank of America Merrill Lynch, die Royal Bank of Canada, Santander, Standard Chartered, UniCredit und die Westpac Banking Corporation an. Die Gruppe hat das Ziel, die Regeln für den Zahlungsverkehr und andere Maßnahmen zur Unterstützung von Ripple zu überwachen.

In der Gruppe der Kryptowährungsnutzer wird Ripple zwiespältig gesehen. Zwar werden die Vorteile der schnellen Transaktionen und der vielfältigen Einsatzmöglichkeiten durch die Anbindung an die Fiat-Währungen begrüßt. Jedoch widersprechen die vollständige Vorabgenerierung von Ripple und die zentrale Verwaltung durch ein Unternehmen dem Konzept der dezentralen Kryptowährungen.

Homepage: https://ripple.com

Kryptowährungen mit Proof-of-Work

42 (42)

42 nutzt den Scrypt-Algorithmus. Die Gesamtmenge von 42 Einheiten ist bereits vollständig erzeugt. Der Name der Kryptowährung leitet sich von der Antwort des größten existierenden Computers des Universums aus dem Roman „Per Anhalter durch die Galaxis" von Douglas Adams ab. Auf die Frage der Protagonisten „nach dem Leben, dem Universum und dem ganzen Rest" antwortet der Computer mit „42".

Homepage: https://42-coin.org

Aeon (AEON)

Aeon entstand im Juni 2014 aus einem Fork von Monero (S. 96). Wie Monero, so verwendet auch Aeon den Proof-of-Work mit dem CryptoNight-Algorithmus und Ring-Signaturen, wodurch die Transaktionen nicht mehr nachvollziehbar sind und größere Anonymität gewährleistet ist. Der Fokus der Entwickler liegt auf dem Aufbau einer absolut anonymen Kryptowährung, die schneller, leichter und mobiler ist als Monero. Das Blockintervall liegt bei vier Minuten, wobei die ausgeschüttete Menge an Aeon variiert. Die Gesamtmenge wird 18,4 Millionen Aeon betragen.

Homepage: http://www.aeon.cash

Anoncoin (ANC)

Anoncoin hat die bei den Transaktionen der Kryptowährungen ohnehin schon gegebene Anonymität zum Kernprinzip der Entwicklung erklärt. Nicht nur der Name weist auf die hohe Anonymität hin. Anoncoin unterstützt das TOR-Netzwerk und das I2P-Darknet. Die Abkürzung I2P steht für *Invisible Internet Project* (dt. unsichtbares Internet-Projekt). Dabei handelt es sich um ein Softwareprojekt, das ein anonymes und pseudonymes Netzwerk schaffen will. Dadurch wird es nahezu unmöglich herauszufinden, auf welchem Computer die Anoncoin-Software läuft.

Die Transaktionen werden über das Darknet sowie verschiedene Mixbörsen abgewickelt. Dabei handelt es sich um Anbieter, die Transaktionen empfangen, sie aufteilen und mit Beträgen aus anderen Transaktionen vermischen, um sie an den Empfänger zu senden. Bei den meisten Kryptowährungen liegt mit der Blockchain ein öffentliches Verzeichnis aller bisher abgewickelten Transaktionen vor. Durch eine Kombination mit weiteren Informationen, wie der IP-Adresse oder Informationen aus E-Mails, mit denen zuvor Adressen ausgetauscht wurden, wäre die Identifikation einzelner Nutzer denkbar. Durch die Hilfe der Mixbörsen soll der Sender einer Transaktion nicht mehr ermittelbar sein.

Die Generierungsrate neuer Blöcke durch den Scrypt-Algorithmus liegt bei durchschnittlich drei Minuten, was an der aufwändigen Anonymisierung liegt. Ursprünglich wurden fünf Anoncoin pro Block erzeugt, wobei sich die Menge alle 306.600 Blöcke halbiert, was der Dauer von etwa zwei Jahren entspricht. Die Gesamtmenge ist auf 3,1 Millionen Anoncoin begrenzt.

Homepage: https://anoncoin.net

Argentum (ARG)

Der Name dieser Scrypt-Kryptowährung leitet sich vom lateinischen Wort Argentum für Silber ab. Die Gesamtmenge ist auf 64 Millionen Argentum festgesetzt, die in Blöcken alle 45 Sekunden generiert werden. Nach Erreichen dieser Grenze wird die Menge jährlich um 1,1 Prozent angehoben. Argentum kann mit Mining durch unterschiedliche Algorithmen erzeugt werden, deren Anzahl die Entwickler in Zukunft noch erweitern wollen.

Homepage: http://www.argentum.io

Auroracoin (AUR)

Auroracoin soll speziell als nationale Währung auf Island eingesetzt werden. Sie wird von keiner staatlichen Stelle herausgegeben, sondern ist die Entwicklung einer Person oder Personengruppe, die als Baldur Friggjar Odinsson auftritt. Auroracoin wird durch Mining erzeugt und jeder Block enthält 25 neue Auroracoin. Allerdings sind bereits 50 Prozent der Gesamtmenge von 21 Millionen Auroracoin vorab erzeugt worden, um sie an die Isländer zu verteilen.

Als Alternative zum bestehenden Währungssystem, der Isländischen Krone, welcher viele Isländer nach der Finanzkrise 2008, die dramatischen Auswirkungen für die Insel hatte, nicht mehr vertrauen, sollten 50 Prozent der Auroracoin an die Isländer verteilt werden. Die erste Phase der Verteilaktion begann am 25. März 2014, wobei 31,8 Auroracoin an jeden Antragsteller, der sich mittels Ausweis als Isländer identifizieren musste, verteilt worden sind. Mit einem damaligen Wert von 12,11 Dollar pro Auroracoin am 24. März erhielt jeder Begünstigte den Gegenwert von 385 Dollar. Nach der Verteilaktion begann der Preis jedoch rasch zu fallen. Am Ende der ersten Phase am 24. Juli 2014 waren 1.126.674 Auroracoin an 35.430 Antragsteller ausgezahlt worden, bei einer Gesamtbevölkerung Islands von ca. 323.000 Personen. Die zweite Phase der Verteilaktion lief vom 25. Juli bis zum 24. November 2014, wobei der Wert von Auroracoin dramatisch gesunken war und der Betrag pro Teilnehmer auf 318 Auroracoin erhöht worden ist. Die letzte Phase fand vom 25. November 2014 bis zum 24. März 2015 statt, wobei fast 1,7 Millionen Auroracoin an mehr als 2.600 Isländer verteilt worden sind.

Am 29. März 2015 wurde die Auroracoin-Stiftung ins Leben gerufen, um die technische Weiterentwicklung voranzutreiben und den Einsatz von Auroracoin in Island zu fördern. Am 22. April 2015 wurden die 5.344.628 nicht beantragten, vorab erzeugten Auroracoin nachweislich vernichtet, um den Wert der restlichen Auroracoin zu stützen. Dadurch reduzierte sich die Menge der verfügbaren Auroracoin auf 8.658.139 Stück.

Ursprünglich basierte Auroracoin auf einem Proof-of-Work-Algorithmus mit Scrypt, aber am 8. März 2016 wurde eine neue Codebasis veröffentlicht, die einen Wechsel hin zu einer Multi-Algorithmen-Architektur auf der Basis von DigiByte (S. 109) implementiert hat.

Auroracoin war die erste Kryptowährung, die den direkten Bezug zu einem Staat und ein entsprechendes Verteilkonzept eingeführt hat.

Homepage: http://en.auroracoin.is

Bitcoin Gold (BTG)

Bitcoin Gold wurde am 12. November 2017 bei Block Nummer 491.407 durch einen Fork aus der ursprünglichen Bitcoin-Blockchain (S. 81) geschaffen. Bei der Abspaltung erfolgte ein Wechsel vom SHA256- auf den Equihash-Algorithmus. Equihash ist besonders geeignet für das Mining mit Grafikkarten. Die Motivation hinter dem Wechsel des Algorithmus und damit hinter Bitcoin Gold ist es, das Mining wieder dezentral und für normale Nutzer attraktiv zu machen, im Gegensatz zum Bitcoin-Mining, das von spezialisierten ASIC-Minern dominiert wird.

Die Gesamtmenge von Bitcoin Gold liegt, wie bei Bitcoin, bei 21 Millionen Einheiten. Jeder Anwender, der zum Zeitpunkt des Fork Bitcoin hatte, kann mit seinem privaten Schlüssel die gleiche Menge an Bitcoin Gold beanspruchen. Um die Sicherheit des Bitcoin-Ökosystems zu gewährleisten, hat Bitcoin Gold einen umfassenden Schutz implementiert, der die Nutzer vor einer Rückabwicklung der getätigten Transaktionen in der anderen Blockchain schützt.

Homepage: https://bitcoingold.org

Blakecoin (BLC)

Blakecoin entstand im Oktober 2013 aus einer Abspaltung der Blockchain von Bitcoin. Es war die erste Kryptowährung, die BLAKE-256 als Hash-Algorithmus eingesetzt hat. BLAKE-256 ist schneller als der SHA256-Algorithmus, der von Bitcoin verwendet wird. Blakecoin generiert durchschnittlich alle drei Minuten einen Block, wodurch eine schnelle Bestätigung der

Transaktionen ermöglicht werden soll. Pro Block wird eine konstante Menge von 25 Blakecoin ausgeschüttet bis zum Erreichen der Gesamtmenge von sieben Milliarden Blakecoin.

Homepage: https://blakecoin.org

Bytecoin (BCN)

Bytecoin wurde im Juli 2012 veröffentlicht und legt den Schwerpunkt auf Anonymität. Die Blöcke im Netzwerk werden alle zwei Minuten gebildet. Für Zahlungen ist eine Bestätigung notwendig. Der CryptoNight genannte Algorithmus, der für das Mining von Bytecoin eingesetzt wird, greift auf das AES-Befehlssystem für x86-Mikroprozessoren und eine große Menge an Arbeitsspeicher zu. Dadurch wird das Mining mit Grafikkarten weniger effizient als mit der CPU. Durch den Algorithmus wird auch ein passives Mischen der Transaktionen vorgenommen, d. h. sie werden in mehrere Transaktionen mit unterschiedlichen Teilbeträgen aufgeteilt und beim Empfänger wieder zum Gesamtbetrag zusammengesetzt, um die Nachverfolgbarkeit zu erschweren und die Anonymität zu erhöhen.

Seit der Einführung wurden zahlreiche Verbesserungen vorgenommen, unter anderem mehrere Sicherheitsupdates. Die Bytecoin-Blockchain enthält zusätzliche Informationen, die nicht direkt mit konkreten Überweisungen verknüpft sind. So werden beispielsweise die geographischen Koordinaten von Universitäten, Bildungseinrichtungen und anderen Gebäuden gespeichert, aber auch Zitate aus literarischen Werken.

Fast alle der maximal vorgesehenen 184,47 Milliarden Bytecoin sind bereits im Umlauf, was der Währung den Vorwurf einbrachte, bereits vor Veröffentlichung durch die Entwickler erzeugt worden zu sein.

Homepage: https://bytecoin.org

Bytom (BTM)

Bytom ist eine Blockchain-Anwendung, die es Benutzern ermöglicht sowohl mit Anleihen, Wertpapieren und anderen realen Vermögenswerten als auch mit digitalen Gütern wie Token und Kryptowährungen zu handeln. Das Ziel von Bytom ist es, die führende Plattform für den Handel mit realen und digitalen Vermögenswerten zu werden. Die Bytom-Blockchain besteht aus drei Ebenen. Die Anwendungsebene erlaubt Nutzern, mit ihren Vermögenswerten über eine grafische Oberfläche zu interagieren. Die Vertragsebene ermöglicht die Entwicklung und Verwaltung von Smart Contracts. Auf der Datenübertragungsebene wiederum finden die Transaktionen zum Austausch der Güter im Netzwerk statt.

Bytom wird über Mining durch den Proof-of-Work mit dem SHA256-Algorithmus gewonnen. Die maximale Menge beträgt 1,407 Billionen Bytom.

Homepage: https://bytom.io

Canada eCoin (CDN)

Canada eCoin nutzt den Scrypt-Algorithmus und soll die Kryptowährung für Kanada werden. Im Gegensatz zu anderen Währungen mit Landesbezug wurden bei Canada eCoin aber keine Einheiten vorab generiert, um sie an die Einwohner Kanadas zu verteilen. Der Bezug zu Kanada wird lediglich durch den Namen der Kryptowährung hergestellt.

Pro Block werden 100 neue Canada eCoin erzeugt, wobei sich die Menge alle 500.000 Blöcke bzw. 174 Tage halbiert, bis die Gesamtmenge von 100 Millionen Canada eCoin erreicht ist. Nachdem die Entwickler das Projekt aufgegeben hatten, wurde Canada eCoin im Jahr 2015 von einer Reihe von Nutzern übernommen und seitdem weiterentwickelt.

Homepage: https://www.canadaecoin.site

Catcoin (CAT)

Catcoin ist ein Klon des ursprünglichen Bitcoin-Protokolls und wurde im Dezember 2013 von einem unbekannten Entwickler veröffentlicht. Alle Spezifikationen sind gleich, nur wird statt des SHA256- der Scrypt-Algorithmus verwendet. Die Gesamtmenge liegt bei 21 Millionen. Die Blöcke werden alle zehn Minuten erzeugt. Die Menge an neuen Catcoin lag ursprünglich bei 50 Einheiten pro Block und reduziert sich seitdem alle 210.000 Blöcke, was einem Zeitraum von ungefähr vier Jahren entspricht, um 50 Prozent.

Homepage: http://www.catcoins.org

DigiByte (DGB)

DigiByte ist eine Kryptowährung, die im Januar 2014 eingeführt worden ist und durch schnelle Transaktionen überzeugen will. Die Blöcke werden im Abstand von 15 Sekunden generiert und können bis zu 560 Transaktionen pro Sekunde verarbeiten. Die

Gesamtmenge von 21 Milliarden soll eine globale Verbreitung ermöglichen. Pro Block werden 8.000 neue DigiByte erzeugt. Die Menge halbiert sich alle zwei Jahre bis die Gesamtmenge im Zeitraum von 35 Jahren generiert sein wird. Alle zwei Jahre wird die Anzahl der möglichen Transaktionen durch eine Verdoppelung der Blockgröße ebenfalls verdoppelt. Im Jahr 2035 soll die angestrebte maximale Kapazität von 280.000 Transaktionen pro Sekunde erreicht sein.

DigiByte kann über die fünf unterschiedlichen Algorithmen SHA256 (ASIC-geeignet), Scrypt (ASIC-geeignet), Groestl (GPU-geeignet), Skein (GPU-geeignet) und Qubit (ASIC-geeignet) erzeugt werden. Jeder Algorithmus hat seine eigene Anpassung des Schwierigkeitsgrades, die in einem dynamischen Prozess, der MultiShield genannt wird, gegen die anderen Algorithmen gewichtet wird. MultiShield ist die weiterentwickelte Version des ursprünglichen DigiShield. Das Grundprinzip der asymmetrischen Schwierigkeitsanpassung, die mittlerweile bei vielen anderen Kryptowährungen eingesetzt wird, wurde von DigiByte mit den beiden neuen Technologien MultiShield und DigiShield erstmals eingeführt.

Die Gesamtmenge von 21 Milliarden entspricht der tausendfachen Menge an Bitcoin. Deshalb soll DigiByte als digitales Kleingeld für Transaktionen eingesetzt werden.

Homepage: http://www.digibyte.co

DigitalCoin (DGC)

DigitalCoin basiert auf dem Litecoin-Protokoll und will weniger volatil als andere Kryptowährungen sein. Beim Mining werden die drei Algorithmen Scrypt, X11 und SHA256 eingesetzt. Es werden fünf DigitalCoin pro Block neu erzeugt. Die Menge halbiert sich alle drei Jahre, bis die Gesamtmenge von 48.166.000 DigitalCoin erzeugt sein wird.

Homepage: http://digitalcoin.org

DNotes (NOTE)

DNotes ist eine auf dem Scrypt-Protokoll basierende Kryptowährung mit einer mehrsprachigen, auch deutschen Homepage. Die Gesamtmenge liegt bei 500 Millionen. Die Blockgenerierung erfolgt durchschnittlich jede Minute. Pro Block werden 250 DNotes generiert. Die ausgeschüttete Menge reduziert sich jährlich um fünf Prozent.

Neben der Entwicklung der Kryptowährung hat das Projekt auch eine Reihe weiterer Initiativen durch die Verteilung von kostenlosen DNotes gestartet. Dadurch soll die Attraktivität der Währung u.a. für Frauen, Kinder und Rentner erhöht werden.

Homepage: http://dnotescoin.com

Dogecoin (DOGE)

Dogecoin basiert auf dem Scrypt-Protokoll sowie auf dem Internet-Phänomen „Doge", eine Abwandlung des englischen Wortes *dog* für Hund. Das Doge-Phänomen besteht aus dem Bild eines Hundes der japanischen Rasse Shiba sowie einigen in der

Schriftart Comic Sans Serif geschriebenen Satzfragmenten. Die Gestaltung des Logos zeigt, dass Dogecoin nicht ganz ernst gemeint ist. Die Kryptowährung wurde im Dezember 2013 als Parodie auf die große Anzahl an digitalen Währungen publiziert, die zu der Zeit veröffentlicht worden sind.

Obwohl Dogecoin als Spaßprojekt konzipiert war, stieg der Wechselkurs innerhalb der ersten zwei Wochen rasant an. Diese Entwicklung wurde vom allgemeinen Höhenflug der Kryptowährungen Ende 2013 begünstigt. Bereits am 19. Dezember 2013 kostete ein Dollar 1.050 DOGE. Gemessen an der Marktkapitalisierung war Dogecoin mit 8,79 Millionen Dollar damals die neuntgrößte Kryptowährung.

Bekannt wurde die Kryptowährung, als im Januar 2014 erfolgreich Dogecoin im Wert von über 30.000 Dollar gesammelt wurden, um damit die Teilnahme der jamaikanischen Bobmannschaft an den Olympischen Spielen in Sotschi zu ermöglichen.

Ebenso wie Litecoin verwendet Dogecoin Scrypt als Proof-of-Work. Ein Blockerzeugungsintervall von einer Minute ermöglicht schnelle Transaktionen. Größter Unterschied im Vergleich zu anderen Kryptowährungen ist jedoch die immense Zahl an Einheiten, die generiert werden können. Während Bitcoin und Litecoin auf insgesamt 21 Millionen bzw. 84 Millionen Einheiten limitiert sind, war Dogecoin auf ursprünglich 100 Milliarden ausgelegt. Am 2. Februar 2014 veröffentlichte Dogecoin-Erfinder Jackson Palmer die Entscheidung zur Aufhebung des Limits. Seit 2015 werden pro Jahr zu den bis dahin existierenden 100 Milliarden Dogecoin 5,2 Milliarden neue Einheiten erzeugt. Da die Rate der neuen Dogecoin konstant bleibt, sinkt zwar langfristig die Inflationsrate, dennoch erhält Dogecoin dadurch im Gegensatz zu vielen anderen Kryptowährungen einen inflationären Charakter.

Homepage: http://dogecoin.com

Earthcoin (EAC)

Wie der Name bereits andeutet, soll die auf dem Scrypt-Algorithmus basierende Kryptowährung eine globale Lösung sein (engl. *earth* = Erde). Die Blöcke werden im Abstand von 30 Sekunden generiert, was zu schnellen Transaktionen führt. Die Erzeugung neuer Earthcoin bis zum Erreichen der Gesamtmenge von 13,5 Milliarden richtet sich nach dem Jahreszyklus bzw. den Quartalen eines Jahres. Im ersten Quartal nach Einführung der Währung wurden 10.000 neue Einheiten pro Tag erzeugt, im zweiten Quartal wurden 12.000 pro Tag erzeugt, im dritten Quartal wieder 10.000 und im vierten Quartal 8.000 pro Tag. Zusätzlich nutzt Earthcoin auch die Monatseinteilung, denn an jedem 31. Tag wird die fünffache Menge an Earthcoin erzeugt. Außerdem wird auch noch der Mondkalender eingesetzt, indem alle 14 Tage die doppelte Menge an Earthcoin erzeugt wird. Zwei Prozent der Gesamtmenge wurden vorab erzeugt und für Marketingmaßnahmen und die langfristige Entwicklung des Projekts verwendet.

Homepage: https://earthcoin.io

Einsteinium (EMC2)

Die Namensähnlichkeit mit Albert Einstein ist kein Zufall, denn Einsteinium will die Wissenschaft unterstützen, vor allem Projekte, die die Entwicklung der Menschheit voranbringen. Dazu werden zwei Prozent der pro Block erzeugten Einsteinium automatisch in einen Fonds einbezahlt. Alle 36.000 Blöcke bzw. 25 Tage wird in der Community über das nächste Forschungsprojekt abgestimmt, das dann das einbezahlte Einsteinium erhält. Einsteinium wurde von der gleichnamigen Stiftung entwickelt, die am 7. April 2017 als gemeinnützige Organisation mit Hauptsitz in Montreal eingetragen worden ist.

Die Gesamtmenge von Einsteinium beträgt 299.792.458 Einheiten, die pro Block, der jede Minute erzeugt wird, in abnehmender Menge durch den Scrypt-Algorithmus erzeugt und ausgeschüttet werden. Darüber hinaus gibt es bei Einsteinium die sogenannte Wurmloch-Technologie, die zufällig in jedem Zyklus von 25 Tagen auftaucht. Ein Wurmloch bleibt für 180 Blöcke bestehen und in dieser Phase werden für jeden gelösten Block 2.973 Einsteinium ausgeschüttet.

Homepage: https://www.emc2.foundation

Ethereum Classic (ETC)

Ethereum Classic basiert auf der Ethereum-Plattform (S. 92), die in zwei Versionen aufgespalten worden ist. Ethereum Classic entstand als Ergebnis einer Meinungsverschiedenheit innerhalb der Ethereum-Stiftung über den sogenannten DAO Hard Fork. Im Mai 2016 hatte ein Risikokapitalfonds namens „The DAO", der auf der Ethereum-Plattform aufgebaut war, rund 150 Millionen Dollar gesammelt, um in Projekte mit Smart Contracts zu investieren. Im selben Monat wurde ein Papier veröffentlicht, in dem Sicherheitslücken bei The DAO beschrieben wurden. Im Juni 2016 wurden 3,6 Millionen Ether mit einem damaligen Wert von ca. 50 Millionen Dollar von den DAO-Konten abgezogen und ohne Zustimmung der Eigentümer auf ein anderes Konto transferiert, wobei eine der im Mai aufgetretenen Schwachstellen ausgenutzt wurde. Mitglieder von DAO und der Ethereum-Community diskutierten daraufhin, welche Maßnahmen ergriffen werden sollten, um das Problem zu lösen. Bei einer Abstimmung im Juli 2016 wurde beschlossen, einen Hard Fork im Ethereum-Code zu implementieren und das gestohlene Ether in einen neuen Smart Contract zu überführen, um es den Besitzern zurückzugeben.

Ethereum Classic entstand, als einige Ethereum-Nutzer den Hard Fork ablehnten, da er nicht dem Prinzip der Unveränderlichkeit der Blockchain entsprach. Sie entschlossen sich, weiterhin die unveränderte Version von Ethereum zu verwenden. Bis zum Block Nummer 192.000.000 sind die Blockchains von Ethereum und Ethereum Classic identisch. Alle Salden und Transaktionen, die auf Ethereum bis zu diesem Zeitpunkt stattgefunden hatten, sind auch auf der Ethereum Classic Blockchain gültig. Dann wurde in der Ethereum-Blockchain die Rückerstattung des DAO-Guthabens implementiert und bei Ethereum Classic nicht durchgeführt. Nutzer, die Ethereum vor dem Hard Fork besaßen, besitzen eine gleiche Menge Ethereum Classic danach.

Ethereum Classic benutzt den Ethash-Algorithmus zum Mining und verfolgte den ursprünglichen Plan zu Erzeugung neuer Einheiten, den auch Ethereum verfolgt hatte. Die initialen 72 Millionen Ethereum Classic sollten jährlich um 13 Millionen neue Ethereum Classic ergänzt werden. Daraus ergibt sich eine theoretisch unbegrenzte Menge. Im Dezember 2017 wurde jedoch eine Limitierung der Gesamtmenge implementiert. Alle zwei Jahre erfolgt eine Reduzierung der neu erzeugten Ethereum Classic um 20 Prozent. Nach diesem Schema wird sich die Gesamtmenge an Ethereum Classic bei ungefähr 210 Millionen einpendeln, die um das Jahr 2070 erzeugt sein werden.

Homepage: https://ethereumclassic.org/

Fastcoin (FST)

Die Kryptowährung Fastcoin, die im Mai 2013 veröffentlicht wurde, basiert auf dem Litecoin-Protokoll, will aber, wie der Name schon sagt, durch Geschwindigkeit überzeugen (engl. *fast* = schnell). Dies wird durch ein Blockerzeugungsintervall von zwölf Sekunden erreicht. Dadurch werden Transaktionen sehr schnell bestätigt. Pro Block werden durch den Scrypt-Algorithmus 32 Fastcoin neu erzeugt. Alle 2.592.000 Blöcke erfolgt eine Halbierung der Menge bis die Gesamtmenge von 165.888.000 Fastcoin erreicht ist.

Homepage: http://www.fastcoin.ca

Feathercoin (FTC)

Feathercoin wurde im April 2013 veröffentlicht. So wie Litecoin (S. 95) die vierfache Gesamtmenge von Bitcoin (S. 81) aufweist, so wird Feathercoin wiederum die vierfache Gesamtmenge von Litecoin haben, insgesamt 336 Millionen Stück. Damit will sich Feathercoin in die Tradition der beiden Kryptowährungen Bitcoin und Litecoin stellen. Feathercoin nutzt ebenfalls den Scrypt-Algorithmus, setzt auf eine Generierung von Blöcken innerhalb von 2,5 Minuten und somit auf eine schnelle Bestätigung der Transaktionen. Die Kryptowährung will sich als Währung für den Einzelhandel und kleinere Transaktionen etablieren. Pro Block werden 200 neue Feathercoin ausgeschüttet. Die Menge halbiert sich alle 840.000 Blöcke.

Die Entwickler von Feathercoin implementieren zusätzliche Software- und Hardware-Projekte, die bei den meisten anderen Kryptowährungen nicht zu finden sind, wie beispielsweise die Entwicklung von Geldautomaten und Point-of-Sales-Geräten, spezielle T-Shirt-Wallets, lasergeätzte physische Münzen und verschiedene Raspberry Pi-basierte Projekte.

Homepage: https://www.feathercoin.com

Fedoracoin (TIPS)

Die Scrypt-Kryptowährung verfügt über eine hohe Gesamtmenge von 500 Milliarden. Die Blockgenerierung erfolgt im Minutentakt, wobei der Scrypt-Algorithmus eingesetzt wird. Die Menge neu erzeugter Fedoracoin nimmt in Stufen ab und wird schließlich bei 50.000 Fedoracoin pro Block liegen bis die Gesamtmenge erzeugt sein wird. Das Konzept der Entwickler sieht Fedoracoin vor allem als Instrument im Online-Bereich, um kleinere Beträge für Blog-Artikel oder Dienstleistungen zu bezahlen. Der Ausdruck *tip* steht im englischsprachigen Raum auch als Bezeichnung für Trinkgeld.

Homepage: http://fedoracoin.top

Franko (FRK)

Franko basiert mit seinen technischen Parametern auf dem Litecoin-Protokoll, bietet aber mit einer durchschnittlichen Blockerzeugungsrate von 30 Sekunden eine schnellere Transaktionsgeschwindigkeit. Die Währung wurde im Mai 2013 veröffentlicht und ist nach ihrem Erfinder, Christopher Franko, einem Software-Entwickler aus Kalifornien, benannt.

Pro Block werden 0,25 Franko neu erzeugt. Die Menge halbiert sich alle 22.471.626 Blöcke. Franko ist eine Scrypt-Kryptowährung mit einem sehr langen Generierungszeitraum, denn die Gesamtmenge von 11.235.813 Franko wird in einem Zeitraum von 500 Jahren erzeugt werden, was eine zusätzliche Begrenzung der ohnehin schon relativ geringen Menge darstellt.

Homepage: http://frankos.org

GameCredits (GAME)

GameCredits ist eine Kryptowährung, die für Zahlungen in Computerspielen sowie für Auszahlungen an Entwickler und Spieler konzipiert worden ist. Durch günstige Gebühren soll eine Alternative zu bestehenden Handelsplattformen für Computerspiele geschaffen werden. GameCredits wird von dem gleichnamigen Unternehmen betreut und weiterentwickelt. Die Kryptowährung wurde 2015 unter dem Namen GamersCoin (GMC) veröffentlicht und später in GameCredits umbenannt. Es handelt sich um einen technischen Klon von Litecoin (S. 95) mit einigen Verbesserungen, die speziell auf die Bedürfnisse von Computerspielern zugeschnitten sind. Alle 90 Sekunden wird ein GameCredits-Block erzeugt und pro Block werden durch den Scrypt-

Algorithmus 12,5 neue GameCredits generiert. Die Gesamtmenge von GameCredits beläuft sich auf 84 Millionen Einheiten.

Homepage: https://gamecredits.com

GlobalCoin (GLC)

GlobalCoin basiert auf dem Scrypt-Algorithmus. Die Gesamtmenge von 70 Millionen GlobalCoin soll nach dem Start am 27. August 2013 in den darauffolgenden 40 Jahren ausgeschüttet werden. Die Blockgenerierungsrate liegt bei 40 Sekunden.

Homepage: https://www.globalcoin.info

Goldcoin (GLD)

Goldcoin will die positiven Eigenschaften des Goldes als Wertaufbewahrungsspeicher auf die Kryptowährung übertragen. Es handelt sich um eine Proof-of-Work-Währung, die als Hashing-Algorithmus „Golden River" verwendet, eine von den Entwicklern abgewandelte Variante von Scrypt. Die Blockgenerierung erfolgt durchschnittlich alle zwei Minuten. In den ersten 200 Blöcken wurden jeweils 10.000 Goldcoin erzeugt, in den Blöcken 201 bis 2.000 jeweils 1.000 Goldcoin und in den Blöcken 2.001 bis 44.999 jeweils 500 Goldcoin. Ab Block Nummer 45.000 werden 45 Goldcoin ausgeschüttet. Die Menge sinkt jedes Jahr kontinuierlich ab bis die Gesamtmenge von 72.245.700 Goldcoin erzeugt ist. Damit will Goldcoin den Prozess der physischen Goldgewinnung simulieren. Auch Gold ist immer schwerer zu finden und muss immer aufwändiger gefördert werden.

Homepage: https://www.goldcoin.org

Gulden (NLG)

Gulden, früher bekannt unter dem Namen Guldencoin, entstand im März 2014. Es ist als nationale Kryptowährung der Niederlande konzipiert, denn vor der Einführung des Euro war der Gulden die niederländische Währung. Wie Litecoin verwendet es Scrypt als Hashing-Algorithmus. Zusätzlich verwendet Gulden eine rasch erfolgende Anpassung des Schwierigkeitsgrads, um das Mining auf konstantem Niveau zu halten.

Gulden generiert alle 2,5 Minuten einen Block mit 1.000 Einheiten. Die Menge halbiert sich alle 840.000 Blöcke. Von den insgesamt 1,68 Milliarden Gulden, die nach 40 Jahren generiert sein werden, wurden zehn Prozent vorab von den Entwicklern erzeugt, um damit die Entwicklung sowie Marketingaktivitäten zu finanzieren. Das Subway-Restaurant in Leeuwarden war das erste Geschäft, das Gulden akzeptierte und dadurch eine Begeisterung für Kryptowährungen in den Niederlanden ausgelöst hat.

Homepage: https://gulden.com/de

iCoin (ICN)

Die Kryptowährung iCoin basiert auf dem Scrypt-Protokoll. Der Name soll an populäre Apple-Produkte erinnern, obwohl das Unternehmen in keinerlei Verbindung zur Kryptowährung steht. Die finale Menge ist mit 500 Millionen iCoin angesetzt. Die Blöcke werden durchschnittlich alle drei Minuten generiert. Nachdem der ursprüngliche Entwickler das Projekt aufgegeben hatte, wurde es 2015 unter neuer Führung wiederbelebt.

Homepage: http://www.icoin.world

Infinitecoin (IFC)

Infinitecoin entstand aus einer Abwandlung des Litecoin-Protokolls. Wie der Name vermuten lässt, zeichnet sich die Währung durch eine hohe Gesamtmenge von 90,6 Milliarden aus. Die Währung möchte sich aufgrund der hohen Gesamtmenge vor allem im Bereich von Mikrotransaktionen und kleineren Käufen in Webshops etablieren. Infinitecoin weist schnelle Transaktionsraten auf, da durchschnittlich alle 30 Sekunden neue Blöcke generiert werden. Dabei wird der Schwierigkeitsgrad der durch den Scrypt-Algorithmus zu lösenden Aufgaben bei jedem Block neu angepasst. Ursprünglich wurden 524.288 Infinitecoin pro Block ausgeschüttet. Alle 86.400 Blöcke, was einem Zeitraum von ungefähr einem Monat entspricht, erfolgt eine Halbierung der Menge. Da die Kryptowährung im Juni 2013 veröffentlicht worden ist, sind mittlerweile fast alle Infinitecoin vollständig erzeugt worden.

Homepage: http://www.infinitecoin.com

Joulecoin (XJO)

Die Kryptowährung basiert wie Bitcoin auf dem SHA256-Algorithmus und bietet die Möglichkeit, Nachrichten mit den Transaktionen zu versenden. Pro Block, der durchschnittlich alle 45 Sekunden gebildet wird, werden 16 neue Joulecoin erzeugt. Die Menge halbiert sich alle zwei Jahre, bis die geplanten 45 Millionen Joulecoin erreicht sind.

Homepage: http://www.jouleco.in

Marscoin (MARS)

Marscoin nutzt den Scrypt-Algorithmus zur Erzeugung der Gesamtmenge von 33 Millionen. Alle zwei Marsminuten, was einem Zeitraum von 123,24 Sekunden entspricht, wird ein Block mit je 50 neuen Marscoin erzeugt. Die Menge halbiert sich jedes Marsjahr, das 687 Tagen auf der Erde entspricht.

400.000 Marscoin wurden von den Entwicklern vorab erzeugt und an Mars One gespendet. Mars One ist eine Stiftung, die sich zum Ziel gesetzt hat, bis zum Jahr 2025 Menschen auf dem Mars landen zu lassen, um dort eine dauerhaft bewohnte Siedlung zu errichten. Das Konzept sieht vor, dass die teilnehmenden Astronauten, unter anderem aus Kostengründen, nicht zur Erde zurückkehren und somit ihr restliches Leben auf dem Mars verbringen werden. Mars One hat für die Mission bereits Bewerbungen aus aller Welt erhalten. Die Entwickler von Marscoin erhoffen sich, dass ihre Kryptowährung von den Astronauten auf dem Mars eingesetzt wird.

Homepage: http://marscoin.org

Maza (MAZA)

Maza basiert auf dem SHA256-Algorithmus und ist ein Klon von Zetacoin (S. 142), der im Februar 2014 entstanden ist. Ein neuer Block wird durchschnittlich alle zwei Minuten generiert. Pro Block werden 5.000 neue Maza erzeugt. Die Menge halbiert sich alle 241.920 Blöcke, was ungefähr einem Jahr entspricht. Pro Block wird aber immer mindestens ein Maza generiert werden. Die Gesamtmenge liegt bei ungefähr 2,4 Milliarden, wobei es keine feste Obergrenze gibt, denn pro Jahr sollen immer mindestens eine Million Maza erzeugt werden, um Verluste auszugleichen. Maza steht in enger Verbindung zu den Lakota, der größten Dialekt- und Stammesgruppe der Sioux-Indianer, die ursprünglich westlich der Großen Seen in den heutigen USA lebte. Nach vielen Vertreibungen und Kämpfen gegen die immer weiter nach Westen vorrückenden Siedler wurden die Lakota schließlich in Reservate in den heutigen US-Bundesstaaten North Dakota und South Dakota gedrängt. Dort erklärte eine Gruppe mit dem Namen Lakota Freedom Delegation am 20. Dezember 2007 die Unabhängigkeit der Lakota von den USA. Die Gruppe überreichte dem US-Außenministerium in Washington ein Schreiben, in dem alle 33 jemals mit den Lakota geschlossenen Verträge aufgekündigt wurden, da sie niemals eingehalten worden waren. Diese Unabhängigkeitserklärung wurde von der US-Regierung nicht anerkannt, dennoch existiert seitdem die Republik Lakota.

Das Wappen der Republik Lakota ist auch das Logo von Maza, denn die Entwickler der Kryptowährung haben ein Memorandum mit dem Oglala-Sioux-Stamm, einem der größten Stämme innerhalb der Lakota-Gruppe, unterzeichnet. In gegenseitigem Einvernehmen soll Maza als Kryptowährung in der Republik Lakota verbreitet werden. Zu diesem Zweck wurden vor dem Start von Maza 25 Millionen Stück generiert, um sie als Währungsreserve der Republik einzusetzen. In einer zweiten Phase wurden weitere 25 Millionen Maza erschaffen, um sie an die Bewohner und Unternehmen der Lakota-Republik zu verteilen. Jeder Einwohner kann 1.000, jedes Unternehmen 10.000 und jede gemeinnützige Organisation 50.000 Maza erhalten.

Homepage: http://www.mazacoin.org

123

Megacoin (MEC)

Megacoin wurde im Mai 2013 veröffentlicht und nutzt den Scrypt-Algorithmus. Es wird insgesamt 42 Millionen Megacoin geben. Die Hälfte davon wurde bereits in den ersten sechs Monaten nach Einführung erzeugt. Dies wurde durch hohe Mengen an neu generierten Megacoin pro Block erreicht. In den ersten 21.000 Blöcken wurden jeweils 500 Megacoin neu erschaffen, dann 250, 125, 75 und schließlich 50 Megacoin. Nach 420.000 Blöcken sank die Menge an neu generierten Megacoin auf 25 Stück. Im Jahr 2079 sollen dann die letzten der 42 Millionen Megacoin generiert sein.

Homepage: http://www.megacoin.eu

Mincoin (MNC)

Mincoin steht als Abkürzung für Minimalistcoin. Die Scrypt-Kryptowährung sieht eine Gesamtmenge von zehn Millionen Einheiten vor, die nach dem Start im April 2013 innerhalb von zehn Jahren erzeugt sein sollen. Die Blöcke werden im Minutentakt generiert. Jeder Block enthält zwei Mincoin bis zum Erreichen der Gesamtmenge.

Homepage: https://mincoin.us

MonaCoin (MONA)

MonaCoin wurde Ende 2013 in Japan veröffentlicht. MonaCoin war die erste rein japanische Kryptowährung und ist dort sehr populär geworden. Deshalb gibt es in Japan viele Geschäfte, die neben Bitcoin auch MonaCoin akzeptieren. Die Entwickler setzen für das Mining einen speziell entwickelten Algorithmus namens Lyra2REv2 ein. Die Blockzeit beträgt 90 Sekunden und pro Block werden 90 MonaCoin ausgeschüttet. Die ausgeschüttete Menge wird alle 1.051.000 Blöcke reduziert, was einem Zeitraum von ungefähr drei Jahren entspricht, bis die maximale Menge von 105.120.000 MonaCoin erreicht ist. Die Anpassung des Schwierigkeitsgrades wird bei jedem Block vorgenommen.

Homepage: https://monacoin.org

Mooncoin (MOON)

Die Kryptowährung basiert auf Scrypt und hat eine relativ hohe Gesamtmenge von 384,4 Milliarden Mooncoin. Das entspricht der Distanz zwischen Erde und Mond in Millimetern, woraus sich auch der Name Mooncoin (engl. *moon* = Mond) ableitet. Mooncoin will sich aufgrund der hohen Gesamtmenge im Bereich der Mikrotransaktionen und -zahlungen etablieren. Die Blockgenerierung erfolgt alle 90 Sekunden, wobei die ausgeschüttete Menge an Mooncoin alle 100.000 Blöcke reduziert wird. Mooncoin verwendet eine eigene Programmiersprache namens Moonword, die für die Dokumentation und Codierung innerhalb der Mooncoin-Blockchain verwendet werden kann.

Homepage: http://mooncoin.com

Myriad (XMY)

Myriad ist eine im Februar 2014 veröffentlichte Abspaltung von Zetacoin (S. 142) und verwendet fünf verschiedene Algorithmen (Scrypt, SHA256D, Yescrypt, Skein und Myr-Groestl), wobei jeder Algorithmus den nächsten Block generieren kann. Dies soll die Zentralisierung durch den Einsatz von ASIC-Minern verhindern, denn jeder Algorithmus eignet sich für eine andere Art von Hardware. SHA256D und Scrypt sind für ASIC-Miner geeignet, Skein und Myr-Groestl für GPU-Miner und Yescrypt für GPU- und CPU-Miner.

Die Zielmarke für jeden Algorithmus lag zu Beginn bei 2,5 Minuten, sodass beim Einsatz von fünf verschiedenen Algorithmen durchschnittlich alle 30 Sekunden ein neuer Block generiert wird. Im Juli 2015 wurde die Zeit pro Block auf fünf Minuten erhöht, wodurch jede Minute ein neuer Block generiert wird. Pro Block wurden ursprünglich 1.000 neue Myriad erzeugt. Die Menge halbiert sich alle 967.680 Blöcke bis die Gesamtmenge von zwei Milliarden erreicht ist.

Homepage: http://myriadcoin.org

Namecoin (NMC)

Namecoin stellt eine fast vollständige Kopie des Bitcoin-Protokolls (S. 81) dar und wurde im April 2011 veröffentlicht. Aus diesem Grund gibt es, wie bei Bitcoin, ebenfalls nur 21 Millionen Einheiten, die auf die gleiche Weise mit dem SHA256-Algorithmus erzeugt werden. Bei allen Transaktionen fallen Gebühren in Höhe von 0,005 NMC an.

Die Kryptowährung steht auch für ein Domain Name System (DNS). Ein DNS ist einer der wichtigsten Dienste in vielen IP-basierten Netzwerken, dessen Hauptaufgabe in der Beantwortung von Anfragen zur Namensauflösung besteht. Vereinfacht gesagt leitet ein DNS die oft leicht zu merkende Internetadresse (z. B. http://www.google.de) an die richtige IP-Adresse weiter, die den eigentlichen Anschluss darstellt (z. B. 173.194.70.94). Mit dem Domain-Namensraum lassen sich Domains mit der Pseudo-Top-Level-Domain .bit registrieren, die jedoch nur für Teilnehmer des Namecoin-Netzwerks oder über einen speziellen Nameserver, der Namecoin unterstützt, aufrufbar sind.

Die Domain .bit ist im offiziellen Verzeichnis der ICANN nicht vergeben. Die Internet Corporation for Assigned Names and Numbers (ICANN) koordiniert die Vergabe von einmaligen Namen und Adressen im Internet. Durch Namecoin kann ein dezentrales DNS geschaffen werden, das eine Alternative zur ICANN darstellt. Zudem steht mit Namecoin ein Identitätsnamensraum zur Verfügung, mit dem sich ein Alias zu Kontaktdaten, wie E-Mail-Adressen, zuordnen lässt. Dadurch entsteht ein zensurresistenter Bereich des Internets.

Mittlerweile gibt es Zehntausende von .bit-Domains. Da diese aber nicht Teil des Standard-Domain-Systems sind, können sie nicht einfach im Browser aufgerufen werden. Das Eintippen von z. B. wikipedia.bit in die Adresszeile des Browsers funktioniert nicht. Es ist aber möglich, spezielle Proxy-Server zu verwenden. Anfang 2014 veröffentlichte Namecoin FreeSpeechMe, ein Firefox-Plugin, das die automatische Auflösung von .bit-Adressen im Browser ermöglicht.

Homepage: http://namecoin.org

Nimiq (NET)

Nimiq ist die erste Kryptowährung, die komplett browserbasiert ist. Das bedeutet, dass die Nimiq-Wallet einfach im Browser geöffnet werden kann und sie sich sehr schnell mit dem Netzwerk synchronisieren lässt. Auch das Mining erfolgt über den Browser, wobei der Proof-of-Work eingesetzt wird. Das Protokoll, das von Nimiq verwendet wird, zielt darauf ab, Blockchain-Komponenten in eine Website-Plattform zu übersetzen. Ziel ist es, Zahlungen zu vereinfachen und den Einstieg in die Blockchain-Technologie zu erleichtern. Die Blockgenerierung erfolgt im Minutentakt und in jedem Block werden fünf Nimiq neu erzeugt. Die Menge halbiert sich alle 2.100.000 Blöcke. Die Nimiq-Gesamtmenge liegt bei 21 Millionen.

Das Entwicklerteam hat am 28. Juni 2017 ein Initial Coin Offering durchgeführt. Der NET-Token, der an mehreren Börsen gehandelt werden kann, ist ein Ethereum-Token. Er wurde nur temporär für das Initial Coin Offering geschaffen. Nachdem das Nimiq-Netzwerk implementiert worden ist, können alle NET-Inhaber zehn NET gegen ein Nimiq-Token eintauschen. Nimiq ist ein Inuit-Wort für ein Objekt oder eine Kraft, die Dinge miteinander verbindet.

Homepage: https://nimiq.com

Nyancoin (NYAN)

Die Kryptowährung basiert auf dem Scrypt-Protokoll und ist als weiteres Spaßprojekt konzipiert, ähnlich wie Dogecoin (S. 111). Der Name der Währung leitet sich von Nyan Cat (wörtlich: Miau-Katze) ab, eine im Internet verbreitete Animation einer fliegenden Katze, die einen Regenbogen hinter sich herzieht. Pro Block, der jede Minute generiert wird, werden 337 neue Nyancoin erzeugt. Die Menge halbiert sich alle 337.000 Blöcke, bis die finale Anzahl von 337 Millionen Nyancoin erreicht ist.

Die Verwendung der Zahl 337 leitet sich aus dem ersten Video ab, in dem die Nyan Cat auftrat. Es hat eine Länge von drei Minuten und 37 Sekunden.

Homepage: https://www.nyancoin.info

Pesetacoin (PTC)

Pesetacoin nutzt das Scrypt-Protokoll. Der Name leitet sich von der vor der Euro-Einführung in Spanien gültigen Währung, der Peseta, ab. Pesetacoin will aber nicht nur eine Kryptowährung für Spanien, sondern für alle spanischsprachigen Länder sein.

Die Gesamtmenge von 166.386.000 Pesetacoin wird in Blöcken erzeugt, die jede Minute generiert werden. Pro Block werden 166,386 Pesetacoin neu geschaffen, wobei sich die Menge alle sechs Monate halbiert.

Homepage: http://pesetacoin.info

PIVX (PIVX)

PIVX ist eine Abkürzung für *Private Instant Verified Transaction(X)* (dt. private, sofort verifizierte Transaktion). PIVX wurde zunächst unter dem Namen DNET veröffentlicht. Die Umbenennung ist nach dem Start der Projektwebsite im Februar 2017 erfolgt. Ein neuer Block wird durch den eingesetzten Quark-Algorithmus durchschnittlich alle 60 Sekunden generiert. Bis zur Block Nummer 151.200 wurden dabei pro Block 250 neue PIVX ausgeschüttet, von Block 151.201 bis 259.200 waren es 50 PIVX. Ab Block Nummer 648.000 sind es noch 5 PIVX bis die Gesamtmenge von 43.166.500 PIVX erreicht ist.

Um eine hohe Privatsphäre zu gewährleisten, nutzt PIVX Mixbörsen, die die Nachvollziehbarkeit der Transaktionen erschweren. Mixbörsen verschleiern die Spur der Kryptowährung, da sie den gesendeten Betrag aufteilen und mischen, ehe sie den Endbetrag an den Empfänger senden. Rechner mit mindestens 10.000 PIVX werden zu Masternodes, die nicht nur die Transaktionen abwickeln, sondern auch über die zukünftigen Entwicklungen von PIVX abstimmen.

Homepage: https://pivx.org/de

PLNcoin (PLNC)

PLNcoin will sich als Kryptowährung für Polen etablieren. PLNcoin nutzt Scrypt und die Gesamtmenge liegt bei 38,45 Millionen. Das entspricht ungefähr der Einwohnerzahl Polens. Pro Block werden 44 neue PLNcoin erzeugt. Die Menge halbiert sich alle 438.000 Blöcke bzw. 304 Tage. Es wurden zwei Millionen PLNcoin vorab generiert, die an Nutzer aus Polen verteilt worden sind.

Homepage: http://plncoin.org

Primecoin (XPM)

Primecoin wurde von einer Person oder Gruppe unter dem Pseudonym Sunny King entwickelt. Unter diesem Pseudonym wurde auch die Kryptowährung Peercoin (S. 177) veröffentlicht. Die im Juli 2013 veröffentlichte Primecoin nutzt als Algorithmus das Finden der längsten Cunningham-Kette. Diese Ketten basieren auf einer Folge von Primzahlen in unterschiedlichen Variationen.

Primecoin generiert die Blöcke in schneller Folge. Pro Minute wird ein Block generiert, was auch zur schnellen Bestätigung von Transaktionen beiträgt. Der Schwierigkeitsgrad wird dabei kontinuierlich angepasst und nicht wie bei vielen anderen Kryptowährungen im Intervall einer bestimmten Anzahl von Blöcken. Statt einer festgelegten Gesamtmenge an Einheiten ist bei Primecoin die Menge neu geschaffener Einheiten immer 999 geteilt durch das Quadrat des Schwierigkeitsgrades. Dadurch können potenziell unendlich viele Primecoin generiert werden.

Homepage: http://primecoin.io

Quark (QRK)

Die im Juli 2013 herausgegebene Kryptowährung Quark basiert auf dem ursprünglichen Bitcoin-Protokoll, verspricht aber noch mehr Sicherheit als Bitcoin, da es einen speziellen Hashing-Algorithmus mit neun Runden und sechs verschiedenen Funktionen nutzt. Im Gegensatz zum Bitcoin-Protokoll, bei dem durchschnittlich alle zehn Minuten ein neuer Block mit Transaktionen generiert wird, geschieht dies bei Quark bereits nach jeweils 30 Sekunden.

Das Quark-Protokoll sieht eine Gesamtmenge von 247 Millionen Stück vor. Danach setzt eine automatische Inflation ein, denn nach Erreichen der Gesamtmenge sollen weiterhin Quark erschaffen werden, um eine deflationäre Entwicklung zu vermeiden. Pro Jahr sollen jeweils 0,5 Prozent der 247 Millionen Quark weiterhin neu erzeugt werden. Das entspricht im ersten Jahr nach Erreichen der Gesamtmenge 1.235.000 neuen Quark. Durch die automatisch kalkulierte Inflation sollen Verluste durch Hard-

waredefekte, verlorene Wallet-Passwörter und andere Unwäg-
barkeiten ausgeglichen werden.

Homepage: http://www.qrknet.info

Sexcoin (SXC)

Die auf dem Scrypt-Algorithmus basierende Kryptowährung
wurde als Zahlungsmittel für die Online-Erotikbranche konzipiert und im August 2013 der Öffentlichkeit vorgestellt. Der
weltweite Umsatz der digitalen Erotikindustrie wird auf etwa 75
Milliarden Dollar pro Jahr geschätzt. Aufgrund dieses Volumens
erscheint eine Kryptowährung, die schnelle und anonyme Transaktionen in diesem Bereich ermöglicht, durchaus nützlich. Pro
Block, der jede Minute neu generiert wird, werden 100 neue
Sexcoin erzeugt. Die Menge halbiert sich alle 600.000 Blöcke
bzw. vierzehn Monate bis zum Erreichen der Gesamtmenge von
250 Millionen Sexcoin.

Nach einer Aufspaltung der Blockchain aufgrund einer erfolgreichen 51-Prozent-Attacke drohte Sexcoin bereits unterzugehen.
Die Kryptowährung wurde allerdings von einem neuen Entwicklerteam übernommen und weitergeführt.

Homepage: https://www.sexcoin.info

Siacoin (SC)

Sia ist eine dezentrale Speicherplattform, bei der die Anwender
Festplattenspeicher von ihren Computern zu einem dezentralen
Netzwerk zusammenführen. Dieser kombinierte Speicherplatz
kann gemietet werden. Die Vermarktung und Pflege der im Juni

2015 eingeführten Kryptowährung wird durch die amerikanische Firma Nebulous übernommen.

Die Sia-Software bietet eine Blockchain mit Smart Contracts und starker Verschlüsselung, die eine sichere, zuverlässige und dezentrale Speicherung von Daten gewährleisten will. Als Zahlungsmittel verwendet das Netzwerk Siacoin, eine Kryptowährung die auf dem Konzept des Proof-of-Work basiert und den Blake-Algorithmus einsetzt. Im ersten Block wurden 300.000 neue Siacoin erzeugt. In jedem nachfolgenden Block, der alle zehn Minuten generiert wird, sinkt die Rate um jeweils eine Siacoin. Nach fünf Jahren, bei Block Nummer 270.000, wird eine Rate von 30.000 Siacoin erreicht, die auch für alle nachfolgenden Blöcke konstant bleibt.

Homepage: https://sia.tech

Syscoin (SYS)

Syscoin entstand im August 2014 aus einer Abspaltung der Bitcoin-Blockchain und kann deshalb beim Mining gemeinsam mit Bitcoin (S. 81) erzeugt werden, da beide Währungen den SHA256-Algorithmus nutzen. Syscoin will nicht nur die Zahlungsmöglichkeiten einer Kryptowährung bieten, sondern auch einen Marktplatz für Waren aller Art.

Darüber hinaus ist auch die Ausgabe, Autorisierung und der Austausch von digitalen Zertifikaten möglich. Mit Syscoin kann jeder Nutzer eindeutige Zertifikate mit Text- oder ASCII-Inhalten an eine oder mehrere Parteien in der Syscoin-Blockchain ausstellen. Diese Zertifikate können von jedermann über den kryptografischen Arbeitsnachweis von Syscoin authentifiziert werden. Dies ermöglicht die Erstellung und den freien Austausch jeglicher Art von digitalen Vermögenswerten wie Eigentumszertifikate, Garantien, Quittungen, Tickets, Diplome, Softwarelizenzen und vieles mehr. Die Gesamtmenge liegt bei 888 Millionen Syscoin, von denen vorab acht Prozent von den Entwicklern erzeugt worden sind.

Homepage: http://syscoin.org

Terracoin (TRC)

Terracoin basiert auf Bitcoin (S. 81) und wurde im Oktober 2012 veröffentlicht. Allerdings besteht ein Unterschied zum ursprünglichen Bitcoin-Protokoll in der Gesamtmenge von Terracoin. Im Gegensatz zu den 21 Millionen Bitcoin wird es von Terracoin 42 Millionen Stück geben. Auch die Generierung neuer Blöcke und damit die Transaktionsgeschwindigkeit sind bei Terracoin schneller. Durchschnittlich wird alle zwei Minuten ein neuer Block erzeugt. Pro Block werden durch den SHA256-Algorithmus 20 Terracoin neu generiert. Die Menge halbiert sich alle 1.050.000 Blöcke, was einem Zeitraum von vier Jahren entspricht. Die neu generierten Terracoin werden zu 45 Prozent an die Miner verteilt. Weitere 45 Prozent fließen an Masternodes. Das sind Nutzer mit mehr als 5.000 Terracoin in ihrer Wallet. Die restlichen zehn Prozent fließen in einen Fonds. Im Rahmen einer dezentralen Steuerung kann jeder, der einen Masternode betreibt, Vorschläge einreichen, wofür das Geld des Fonds ausgegeben wird. Über jeden Vorschlag wird dann von den übrigen Masternode-Betreibern abgestimmt.

Homepage: https://terracoin.io

Unobtainium (UNO)

Unobtainium ist ein englisches Kunstwort und bezeichnet ein Material, das praktisch nicht beschaffbar ist, weil es entweder nicht in der benötigten Menge existiert, unerschwinglich teuer ist oder sich an einem unerreichbaren Ort befindet (engl. *unobtainable* = unerreichbar). Mit der Namenswahl sollen die Seltenheit und der Wert der Kryptowährung betont werden, denn es wird nur eine Gesamtmenge von 250.000 Stück geben. Die relativ kleine Menge soll in Kombination mit dem Schwund durch Hardwaredefekte oder vergessene Passwörter eine stetige Wertsteigerung garantieren. Pro Block, der durchschnittlich alle drei Minuten generiert wird, wird eine Einheit neu erzeugt. Alle 100.000 Blöcke halbiert sich die Menge. Die Generierung von Unobtainium erfolgt durch Nutzung des SHA256-Algorithmus zweistufig. Rund 190.000 Einheiten werden während der ersten sechs Blockhalbierungen erzeugt werden. Die restlichen 60.000 Einheiten dienen der langfristigen Unterstützung des Mining. Dies hat zur Folge, dass es nach dem Start im Oktober 2013 ungefähr 300 Jahren dauern wird, bis die vollständige Menge von 250.000 Unobtainium erzeugt sein wird. Innerhalb der Nutzergemeinschaft wird die Menge an Unobtainium gerne in Kilogramm angegeben, obwohl es sich um eine rein digitale Währung ohne reale Entsprechung handelt.

Homepage: http://unobtanium.uno

Verge (XVG)

Verge wurde im Jahr 2014 unter dem Namen DogeCoinDark veröffentlicht und 2016 in Verge umbenannt. Verge wurde für den täglichen Gebrauch entwickelt. Deshalb liegt die Transaktionszeit zwischen fünf und zehn Sekunden, während das Intervall der Blockgenerierung bei 30 Sekunden liegt.

Verge verwendet mehrere anonyme Netzwerke wie TOR und I2P in denen die IP-Adressen der Nutzer verschleiert werden und die Transaktionen dadurch nicht mehr nachvollziehbar sind. Außerdem verwendet Verge Multi-Algorithmus-Mining und ist dadurch eine der wenigen Kryptowährungen, die fünf verschiedene Hashing-Algorithmen unterstützt, nämlich Scrypt, X17, Lyra2REv2, Myr-Groestl und Blake2s. Die Gesamtmenge von 16,5 Milliarden Verge wird um das Jahr 2037 erzeugt sein.

Homepage: https://vergecurrency.com

Vertcoin (VTC)

Vertcoin nutzt einen speziellen ScryptN-Algorithmus, der mit der Zeit das Mining mit Grafikkarten schwieriger und das Mining mit CPUs effizienter macht. Dadurch soll das Mining auch für Anwender möglich sein, die keine teure Spezialhardware haben. Vertcoin hat bereits zweimal auf einen neuen Algorithmus umgestellt, um dem ASIC-Mining entgegenzuwirken. Im Dezember 2014 wechselte Vertcoin vom Scrypt-Adaptive-N-Algorithmus zum Lyra2RE-Algorithmus als Reaktion auf das Aufkommen von Scrypt-Adaptive-N-fähigen ASIC-Minern. Im August 2015 wechselte Vertcoin dann von Lyra2RE zu Lyra2REv2, weil Hacker mehr als 50 Prozent der Hashing-Power des Vertcoin-Netzwerks kontrolliert hatten.

Die Gesamtmenge von Vertcoin liegt bei 84 Millionen. Die Blockgenerierung erfolgt alle 2,5 Minuten, wobei der Schwierigkeitsgrad in jedem Block angepasst wird. Pro Block werden

25 neue Vertcoin ausgeschüttet. Die Menge halbiert sich alle 840.000 Blöcke bzw. vier Jahre. Vertcoin wird von einem Team freiwilliger Entwickler betreut und weitergeführt.

Homepage: https://vertcoin.org

Viacoin (VIA)

Viacoin will eine Blockchain namens ClearingHouse schaffen, die den Aufbau einer vollständig dezentralen Börse und die Ausgabe neuer Währungen ermöglichen soll. Außerdem sollen über ClearingHouse auch Wetten, Wahlen, Reputationsmanagement und die Schaffung vollständig dezentralisierter Marktplätze möglich sein. Die Einführung von Viacoin wurde von großer Aufmerksamkeit in den Medien begleitet, vor allem wegen des explosiven Preisanstiegs. Viacoin erreichte bereits Mitte 2014 in wenigen Tagen eine Marktkapitalisierung von einer Million Dollar. Weitere Aufmerksamkeit erzeugte der Einstieg von Peter Todd, ein bekannter und erfahrener Bitcoin-Entwickler, in das Projekt.

Viacoin nutzt das sogenannte Merged Mining. Dabei wird die Rechenleistung parallel auf mehreren Blockchains gleichzeitig eingesetzt. Dadurch wird Mining von Viacoin und Litecoin (S. 95) oder jeder anderen auf dem Scrypt-Algorithmus basierenden Kryptowährung ermöglicht. Dies führt zu einer sehr hohen Netzwerk-Hashrate, wodurch auch die Netzwerksicherheit erhöht wird. Viacoin wird eine Gesamtmenge von 23.176.392 Einheiten haben, die schon größtenteils erzeugt sind.

Homepage: https://viacoin.org

Worldcoin (WDC)

Worldcoin nutzt den Scrypt-Algorithmus und wurde im Mai 2013 veröffentlicht. Die Bestätigung der Transaktionen innerhalb von 60 Sekunden soll Worldcoin vor allem für den Einzelhandel attraktiv machen, da die Kryptowährung kleinere Bargeldzahlungen ersetzen will. Pro Block, der durchschnittlich alle 30 Sekunden generiert wird, werden 64 Worldcoin neu erzeugt. Die Menge reduziert sich alle 20.160 Blöcke, ungefähr eine Woche, um ein Prozent bis alle 265 Millionen Worldcoin erzeugt sind.

Die Entwickler möchten mit Worldcoin Projekte unterstützen, die die Welt verbessern. So wurde bereits die Installation eines Brunnens für Trinkwasser in Kenia von der Worldcoin-Community gesponsert.

Homepage: https://worldcoin.global

Zcash (ZEC)

Zcash ist im Jahr 2016 aus dem Zerocoin-Projekt hervorgegangen. Das Zerocoin-Protokoll wurde zunächst optimiert und in Zerocash umgewandelt, woraus schließlich die Kryptowährung Zcash entstanden ist. Wie Bitcoin hat auch Zcash eine limitierte Menge von 21 Millionen Einheiten.

Zcash-Zahlungen werden auf der öffentlich einsehbaren Blockchain durchgeführt, aber Nutzer können eine optionale Datenschutzfunktion verwenden, um Absender, Empfänger und Betrag zu verbergen. Zcash verwendet fortgeschrittene kryptografische Techniken, den sogenannten Zero-knowledge Proof zk-SNARK, um die Gültigkeit von Transaktionen zu garantieren, ohne zusätzliche Informationen über sie preiszugeben. Der Einsatz von zk-SNARK ermöglicht ein sicheres Verzeichnis der Transaktionen ohne die Parteien oder Beträge offenzulegen. Anstatt die beteiligten Parteien und deren Transaktionswerte öffentlich in die Blockchain zu schreiben, werden die Metadaten der Transaktionen verschlüsselt und mit Hilfe von zk-SNARK verifiziert.

Mit der Unterstützung sowohl für abgeschirmte als auch transparente Adressen können Nutzer wählen, ob sie Zcash privat oder öffentlich versenden möchten. Zcash-Zahlungen, die von einer abgeschirmten Adresse an eine transparente Adresse gesendet werden, zeigen den erhaltenen Saldo an, während Zahlungen von einer transparenten Adresse an eine abgeschirmte Adresse den Empfangswert schützen. Abgeschirmte Adresse beginnen mit z, während transparente Adressen mit t beginnen.

Zcash bietet vor allem kommerziellen Nutzern die Möglichkeit einer selektiven Offenlegung, die es dem Benutzer erlaubt, Zahlungen für Revisionszwecke nachzuweisen. Hintergrund dieser Option ist es, Zcash-Transaktionen trotz der Anonymität auch in Einklang mit Gesetzen zur Geldwäschebekämpfung und Steuervorschriften zu bringen.

Etwa alle 150 Sekunden werden neue Blöcke generiert. Der Zeitplan und die ausgeschüttete Menge neuer Zcash orientiert sich ebenfalls an Bitcoin, aber da die Zcash-Blöcke viermal so häufig wie Bitcoin generiert werden, ist die Anzahl neuer Zcash auf ein Viertel reduziert. In den ersten vier Jahren werden 12,5 Zcash wird pro Block erzeugt. Alle vier Jahre bzw. alle 840.000 Blöcke halbiert sich der Betrag. In den ersten vier Jahren nach der Veröffentlichung fließen 20 Prozent der neu erzeugten Zcash automatisch an einen Pool, der an die Gründer, Investoren, Mitarbeiter und Berater verteilt wird. Zcash nutzt den Equihash-Algorithmus als Proof-of-Work. Deshalb ist die Kryptowährung besonders für das Mining mit Grafikkarten geeignet.

Homepage: https://z.cash

ZClassic (ZCL)

ZClassic ist eine Kryptowährung, die die Privatsphäre des Absenders und des Empfängers sowie den bei jeder Transaktion gesendeten Betrag schützt. ZClassic entstand im November 2016 aus einer Abspaltung von Zcash (S. 138). Im Gegensatz zu Zcash, wo in den ersten vier Jahren nach der Veröffentlichung 20 Prozent der neu erzeugten Zcash automatisch an einen Pool fließen, der an die Gründer, Investoren, Mitarbeiter und Berater verteilt wird, gibt es diese Beschränkung bei ZClassic nicht. Darüber hinaus wurde ZClassic so konzipiert, dass es keine anfängliche Verknappung der Menge gibt. ZClassic nutzt den Equihash-Algorithmus. Die Blockgenerierungsrate liegt bei 2,5 Minuten, wobei in jedem Block 12,5 neue ZClassic erzeugt werden. Es wird 21 Millionen ZClassic geben.

Homepage: http://zclassic.org

Zcoin (XZC)

Zcoin entstand im September 2016 mit einem starken Fokus auf Privatsphäre und Anonymität der Transaktionen. Außerdem wird ein Konzept namens Zero-Knowledge Cryptographic Proof umgesetzt, das sowohl die Transaktionsdaten des Absenders als auch des Empfängers verschleiert. Durch das Protokoll kann der Besitz von Zcoin nachgewiesen werden, ohne das exakte Guthaben offenzulegen. Zcoin ist eine auf dem Proof-of-Work basierende Kryptowährung und folgt dem gleichen Generierungs- und Halbierungszyklus wie Bitcoin (S. 81). Deshalb liegt die Gesamtmenge bei 21 Millionen Zcoin. Dabei verwendet Zcoin jedoch statt des SHA256- den Lyra2-Hash-Algorithmus. Im Gegensatz zu Bitcoin wurden zehn Prozent der gesamten Zcoin-Menge in einen Fonds einbezahlt, der den Entwicklern der Währung zugutekommt.

Homepage: https://zcoin.io

Zero (ZER)

Das Zero-Projekt wurde von einem unbekannten Entwickler namens Zerocurrency Anfang Februar 2017 als Abspaltung von Zcash (S. 138) veröffentlicht. Der Entwickler gab das Projekt bald danach auf. Eine Nutzergruppe übernahm daraufhin die Weiterentwicklung von Zero. Die Kryptowährung verwendet eine abgewandelte Form des Equihash-Algorithmus, der die Grundlage von vielen verschiedenen Kryptowährungen bildet. Dadurch ist Zero resistent gegenüber ASIC-Minern und kann mit Grafikkarten geschürft werden. Zero verfügt über eine Option zur Verwendung von abgeschirmten Transaktionen, die eine spätere Nachvollziehbarkeit unmöglich machen. Die Transaktionsgebühren liegen nahezu bei null. Pro Tag wird eine konstante Menge von 7.200 Zero erzeugt.

Homepage: https://zerocurrency.io

Zetacoin (ZET)

Zetacoin basiert auf dem ursprünglichen Bitcoin-Protokoll und wurde im August 2013 veröffentlicht. Es handelt sich um eine Klonwährung, die den SHA256-Algorithmus nutzt, allerdings schnelle Transaktionen und eine schnellere Anpassung des Schwierigkeitsgrades ermöglicht. Im Durchschnitt wird alle 30 Sekunden ein Block mit Transaktionen erzeugt. Pro Block werden 1.000 Zetacoin erzeugt. Die Menge halbiert sich alle 80.640 Blöcke, was ungefähr einem Monat entspricht, sinkt aber nie unter ein Zetacoin. Die anfänglich geplante Gesamtmenge von 160 Millionen Zetacoin soll durch eine jährliche Inflation von einer Million Zetacoin kontinuierlich erhöht werden, um verlorene Einheiten auszugleichen und die steigende Nachfrage nach Zetacoin zu bedienen.

Im Gegensatz zu Bitcoin und vielen weiteren Kryptowährungen, bei denen die Gesamtmenge über viele Jahre hinweg geschaffen wird, fand bei Zetacoin die Generierung der 160 Millionen Stück größtenteils im ersten Jahr nach der Einführung statt.

Homepage: http://www.zetac.org

Kryptowährungen mit Proof-of-Stake

Ardor (ARDR)

Ardor wurde von der niederländischen Firma Jelurida entwickelt und basiert auf der Blockchain-Technologie von Nxt (S. 158). Ardor bietet die Möglichkeit, Sub-Blockchains zu nutzen. Eine Sub-Blockchain, bei der es sich um eine vereinfachte Variante der ursprünglichen Blockchain handelt, kann bis zu einem gewissen Grad angepasst werden. Dadurch lassen sich beispielsweise eigenständige Unterwährungen entwickeln, die spezifische Eigenschaften aufweisen und dennoch von der Sicherheit der Haupt-Blockchain profitieren.

Die 998.999.495 ARDR-Token wurden im Jahr 2016 an alle damaligen Nxt-Halter verteilt. Sie existierten zuerst als Werte auf der Nxt-Blockchain und wurden beim Start von Ardor am 1. Januar 2018 im Verhältnis 1:1 in ARDR getauscht. Neben der Basiswährung Ardor wurde bereits die Unterwährung IGNIS auf einer Sub-Blockchain erschaffen. IGNIS soll als Hauptwährung für Finanztransaktionen und Zahlungen genutzt werden und wurde Ende Dezember 2017 im Verhältnis 1:0,5 an alle Nxt-Besitzer verteilt. Ardor verwendet den Proof-of-Stake, der eine Mindestmenge von 1.000 Ardor voraussetzt. Die Kryptowährung basiert auf einem Blockchain-as-a-Service-Modell, das es jedem Anwender ermöglicht, in den Blockchain-Bereich einzusteigen, während es Entwicklern gleichzeitig erlaubt, ihre eigenen Lösungen darauf aufzubauen.

Homepage: http://www.ardorplatform.org

BitConnect (BCC)

BitConnect basiert auf dem Scrypt-Algorithmus, aber es wird eine Kombination aus dem Proof-of-Work mit dem Proof-of-Stake eingesetzt. Sobald insgesamt 262.800 Blöcke durch Proof-of-Work generiert worden sind, wird auf den Proof-of-Stake gewechselt. Da die Zeit für die Generierung eines Blocks bei zwei Minuten liegt, wurde bereits ein Jahr nach Einführung im November 2016 der Wechsel vollzogen. Durch den Proof-of-Stake sollen 20,4 Millionen neue BitConnect erzeugt werden, um die Gesamtmenge von 28 Millionen BitConnect zu erreichen.

Das System bietet eine eigene Handelsplattform an, auf der BitConnect mit Bitcoin gekauft werden können. Ein besonderes Merkmal der Plattform war die Möglichkeit, BitConnect automatisiert zu verleihen. Mit Hilfe des BitConnect-Bitcoin-Trading-Bot wurden die Ausleihungen verwaltet und die durch den Bot erwirtschafteten Gewinne täglich ausgeschüttet. Das investierte Kapital von minimal 100 bis zu über 100.000 Dollar bestimmte dabei den zu erwartenden Zinssatz und die minimale fixe Anlagedauer, die zwischen 120 und 299 Tagen variierte. Die Handelsstrategie des Bots ist nicht transparent und die täglichen Zinsen konnten mehrere Prozent erreichen.

Die hohe Verzinsung ließ Zweifel daran aufkommen, ob das Verleihsystem langfristig funktioniert oder ob es sich um ein Schnellballsystem handelt, das nur funktioniert, solange immer mehr neue Nutzer in das BitConnect-System einsteigen. Im Januar 2018 stellte die Plattform schließlich den Betrieb ein, was zu einem sehr starken Wertverlust von BitConnect geführt hat.

Homepage: http://bitconnect.co

BitShares (BTS)

BitShares ist die Währung der gleichnamigen Krypto-Plattform, die dezentral Smart Contracts im Finanzbereich einsetzen will. Die Entwicklung der Plattform wird von den Teilnehmern selbst bestimmt, da über wichtige Projekte und Entwicklungsschritte abgestimmt wird. Dabei wird auf den Delegated Proof-of-Stake als Abstimmungsmethode zurückgegriffen.

Insgesamt werden 3,7 Milliarden BitShares erzeugt, wobei in der Menge eine Reserve von 1,1 Milliarden BitShares vorgesehen ist, die für laufende Kosten und Investitionen eingesetzt werden kann. Die Verzinsung liegt derzeit bei ungefähr fünf Prozent pro Jahr. Von den durch Transaktionsgebühren eingenommenen BitShares fließen 20 Prozent in eine Reserve, wodurch die frei verfügbare Menge wieder sinkt.

Homepage: http://bitshares.org

BlackCoin (BLK)

Die auf dem Scrypt-Algorithmus basierende Kryptowährung nutzt eine Abfolge des Proof-of-Work mit dem Proof-of-Stake. Alle durch den Proof-of-Work generierbaren 100 Millionen BlackCoin sind bereits erzeugt worden. Neue BlackCoin werden nur noch durch den Proof-of-Stake generiert. Die jährliche Verzinsung liegt bei einem Prozent. Der unter blackcoinpool.com betriebene Mining-Pool erzeugt neben BlackCoin auch andere Kryptowährungen. Der Erlös daraus wird verwendet, um Black-Coin zu kaufen. Dadurch soll der Kurs stabilisiert werden.

Homepage: http://www.blackcoin.co

Blocknet (BLOCK)

Blocknet will eine Schaltstelle zwischen unterschiedlichen Kryptowährungen schaffen. Um dies zu erreichen, will Blocknet ein Protokoll zur Kommunikation zwischen Nodes auf den Blockchains der teilnehmenden Kryptowährungen anbieten. Durch diese Innovation soll eine offene Kommunikation und die Bereitstellung von Diensten zwischen den Nutzern der teilnehmenden Kryptowährungen ermöglicht werden. Dadurch wird ein gemeinsamer Konsens zwischen den ansonsten getrennt voneinander agierenden Kryptowährungen geschaffen. Um das Netzwerk und die Dienstleistungen des Systems aufrechtzuerhalten, werden Blocknet als Belohnung für diejenigen Nutzer, die sich an der Erhaltung und Pflege des Netzwerks beteiligen, ausgeschüttet. Das macht Blocknet zu einer Proof-of-Stake-Kryptowährung. Das Intervall der Blockgenerierung liegt bei 2,5 Minuten. Es sind 5.000 Blocknet notwendig, um sich als Service-Node zu qualifizieren und die jährliche Verzinsung liegt bei ca. neun Prozent. Die Gesamtmenge wird zehn Millionen Blocknet betragen.

Homepage: https://blocknet.co

Bullion (CBX)

Bullion, das ursprünglich unter dem Namen Cryptogenic Bullion veröffentlicht worden ist, wurde aus einer Abspaltung von Novacoin (S. 176) entwickelt. In den ersten Jahren war es eine kombinierte Proof-of-Work/Proof-of-Stake-Währung, die es erlaubte, Bullion unter Verwendung des Scrypt-Algorithmus sowohl durch Mining als auch durch Minting mit einer jährlichen Verzinsung von 1,5 Prozent zu erzeugen. Mit einem Update im Dezember 2015 wurde Bullion zu einer reinen Proof-of-Stake-Kryptowährung mit einer Verzinsung zwischen sechs und zwölf Prozent pro Jahr. Bullion hat ein Blockintervall von 65 Sekunden und eine Schwierigkeitsanpassung alle zwei Blöcke. Das Ziel von Bullion ist es, zu einem universell akzeptierten digitalen Vermögenswert mit allen Eigenschaften von Gold zu werden. Die Gesamtmenge ist auf eine Million begrenzt.

Homepage: http://cryptobullion.io

Cardano (ADA)

Cardano wurde als Blockchain-Projekt von einer in der Schweiz ansässigen Stiftung und zwei Unternehmen entwickelt. Obwohl die Blockchain Cardano heißt, wird die Währung als ADA bezeichnet.

Zur Generierung von Cardano wird ein neuer, an der Universität von Edinburgh entwickelter Proof-of-Stake-Algorithmus eingesetzt. Der von Cardano eingesetzte Algorithmus namens Ouroboros wählt im Intervall von ungefähr 20 Sekunden einen Node aus, der einen Block generieren kann. Um sich als Node zu qualifizieren sind zwei Prozent der Gesamtmenge von Cardano als Guthaben auf einer Wallet notwendig. Derzeit sind fast 26 Milliarden Cardano im Umlauf. Das Cardano-Team hat festgelegt, dass es maximal 45 Milliarden Cardano geben wird. Cardano soll unter der Prämisse einer wissenschaftlichen Philosophie weiterentwickelt werden. Statt einer vorab definierten Roadmap sollen Forschungsgruppen einzelne Bereiche bearbeiten und auftretende Probleme lösen.

Homepage: http://cardanohub.org

ColossusXT (COLX)

ColossusXT basiert auf einer im Jahr 2013 veröffentlichten Kryptowährung namens Colossuscoin, die 2017 mit neuen Parametern überarbeitet worden ist. Sie basiert auf dem Quark-Algorithmus und nutzt eine Abfolge des Proof-of-Work mit dem Proof-of-Stake. In den ersten 10.124 Blöcken, die durchschnittlich jede Minute erzeugt werden, wurden jeweils 2.500 ColossusXT generiert. Ab Block 10.125 erfolgte der Wechsel zum Proof-of-Stake. Die Menge der dadurch erzeugten ColossusXT nimmt ab, bis sie mit 1.000 ab Block 302.400 stabil bleibt. Mit zehn Millionen ColossusXT kann sich ein Nutzer als Masternode qualifizieren. Die Belohnung aus dem Proof-of-Stake wird dynamisch zwischen Masternodes und anderen Nutzern, die ColossusXT in ihrer Wallet halten, aufgeteilt.

Homepage: https://colossusxt.io

Cryptonex (CNX)

Cryptonex will durch Schaffung einer zentralen Plattform die Möglichkeit bieten, alle Währungen der Welt in beliebige Kryptowährungen umzutauschen sowie Waren und Dienstleistungen mit Hilfe von Smartphones und Zahlungskarten sofort und mit minimaler Provision zu handeln.

Die Gesamtmenge wird bei 210 Milliarden Cryptonex liegen. Davon wurden 85 Milliarden im Rahmen eines Initial Coin Offerings im September 2017 an Investoren verkauft. 15 Milliarden werden für Marketingkampagnen verwendet und fünf Milliarden flossen an das Entwicklerteam. Die restlichen 100 Milliarden Cryptonex sollen im Rahmen des Proof-of-Stake an die Nutzer ausgegeben werden. Das reine Halten von Cryptonex in einer Wallet erwirtschaftet zwölf Prozent Zinsen pro Jahr.

Homepage: https://cryptonex.org

EOS (EOS)

EOS, dessen Namen von der Göttin der Morgenröte aus der griechischen Mythologie abgeleitet ist, will eine Plattform für dezentrale Applikationen bieten. Die Entwickler von EOS, Mitarbeiter von Block.one, ein Unternehmen mit Sitz auf den Cayman-Inseln, sehen ihr System als Neu- oder Weiterentwicklung von Ethereum (S. 92). Deshalb sollen bestimmte Merkmale implementiert werden, wie z. B. die gleichzeitige Unterstützung von Millionen von Nutzern, die kostenlose Nutzung und geringe Latenzzeiten. Zur Umsetzung dieser Vorgaben nutzt EOS den Delegated Proof-of-Stake als Konsensmechanismus. Prinzipiell kann sich jeder an der Generierung von Blöcken beteiligen. Auf der Basis der Stimmen, die für den interessierten Block-Produzenten zusammenkommen, wird die Wahrscheinlichkeit, dass er einen Block generieren darf, errechnet.

EOS bietet kostenfreie Transaktionen. Weiterhin soll EOS bei auftretenden Störungen, wie Hackerangriffen oder Softwarefehlern, in einen früheren, funktionsfähigen Zustand zurücksetzbar sein. Dadurch werden Forks weitgehend vermieden.

Im Rahmen eines Initial Coin Offerings wurden im Juli 2017 innerhalb von fünf Tagen 200 Millionen EOS verkauft. Der Rest der Gesamtmenge von einer Milliarde EOS wurde innerhalb eines knappen Jahres von 2017 bis 2018 mit täglichen Ausschüttungen von zwei Millionen EOS verteilt. 100 Millionen EOS sollen als Reserve beim Unternehmen Block.one verbleiben.

Homepage: https://eos.io

Gas (GAS)

Siehe NEO, S. 156.

Hobonickels (HBN)

Hobonickels nutzt den Scrypt-Algorithmus und bietet mit einer durchschnittlichen Blockgenerierungsrate von 30 Sekunden eine schnelle Transaktionsgeschwindigkeit. Pro Block werden fünf Hobonickels neu erzeugt. Hobonickels begann als hybride Proof-of-Work/Proof-of-Stake-Währung, aber der Proof-of-Work wurde später aufgegeben. Die Kryptowährung bietet eine Verzinsung der eingesetzten Hobonickels von 20 bis 100 Prozent pro Jahr. Die Gesamtmenge liegt bei 120 Millionen Hobonickels.

Der Name der Kryptowährung leitet sich aus einer Münzbearbeitungsform ab, die hauptsächlich in den USA in der ersten Hälfte des 20. Jahrhunderts verbreitet war. Dabei wurden amerikanische Fünfcentstücke, die sogenannten Nickels, mit kunstvollen Reliefs verziert. Da diese Miniaturkunstform vor allem unter den amerikanischen Wanderarbeitern, die auch Hobos genannt wurden, populär war, prägte sich schließlich der Ausdruck „Hobo Nickels" für diese Art der Münzkunst ein.

Homepage: https://hobonickels.info

Komodo (KMD)

Komodo ist eine Kryptowährung, die sich auf hohe Anonymität und Sicherheit konzentriert. Die Währung entstand im November 2016 aus einer Abspaltung von Zcash (S. 138) und ist die Weiterentwicklung der BitcoinDark-Kryptowährung (S. 170).

Die Komodo-Plattform stützt sich auf die vom Zcash-Team entwickelte Technologie des Zero Knowledge Proofs. Dadurch sollen Transaktionen innerhalb der Komodo-Blockchain vollständig privat oder transparent sein, je nach gewünschter Anwendung. Wenn Transaktionen privat verschickt werden, kann niemand den Betrag, den Absender oder den Empfänger der Transaktion in der Blockchain sehen. Wenn die Transaktionen transparent verschickt werden, verhalten sie sich wie normale Transaktionen und die Sender- und Empfängeradressen sowie der Betrag sind in der Blockchain einsehbar.

Grundsätzlich verwendet Komodo ein Proof-of-Work-System mit Mining. Aber es handelt sich um System mit Verzögerung, das die Bitcoin-Hashrate „recyceln" kann. Durch 64 vorselektierte Nodes, die von der Community gewählt werden, ist Komodo in der Lage, die Blöcke auf der Bitcoin-Blockchain zu bestätigen. Dadurch wird fast jeder Angriffsversuch unmöglich, da ein Angreifer auch die Bitcoin-Blockchain ändern müsste, um Komodo zu manipulieren.

Es wird maximal 200 Millionen Komodo geben. Von der Maximalmenge wurden 100 Millionen vorab erzeugt. Davon wurden 90 Millionen Komodo im Rahmen eines Initial Coin Offerings im Oktober und November 2016 an Investoren verkauft. Die restlichen zehn Millionen sind für die zukünftige Entwicklung und Vermarktung der Komodo-Plattform reserviert. Die verbleibenden 100 Millionen Komodo sollen über den Proof-of-Stake-Algorithmus erzeugt werden. Die Grenze von 200 Millionen Komodo wird voraussichtlich um das Jahr 2030 erreicht werden. Um dies zu gewährleisten, erhalten Nutzer, die ein Guthaben von mehr als zehn Komodo in ihrer Wallet haben, eine Verzinsung in Höhe von fünf Prozent pro Jahr.

Homepage: https://www.komodoplatform.com

Lisk (LSK)

Lisk wurde im Rahmen eines Initial Coin Offerings veröffentlicht, um die anfängliche Verteilung zu bestimmen und Kapital für die Entwicklung aufzubringen. Das ICO sammelte 5,8 Millionen Dollar ein und am 24. Mai 2016 ging Lisk online.

Lisk verwendet eine vereinfachte Implementierung des ursprünglichen BitShares-Algorithmus Delegated Proof-of-Stake. Das bedeutet, dass jeder Lisk-Inhaber für Delegierte stimmen kann, die das Netzwerk sichern. Es gibt maximal 101 aktive Delegierte und nur sie können Belohnungen bei der Blockgenerierung erhalten. Dadurch soll für die Lisk-Nutzer ein finanzieller Anreiz geschaffen werden, aktiver Delegierter zu werden. Jeder andere Delegierte ist im Standby und wartet darauf, gewählt zu werden.

Eine Runde besteht aus 101 einzelnen Blöcken. Jedem der 101 aktiven Delegierten wird zufallsgeneriert ein Block innerhalb der Runde zugeteilt. Ein kompletter Zyklus dauert 17 Minuten. Wenn ein ausgewählter Delegierter seinen zugewiesenen Block nicht bestätigen kann, wird die Aktivität von diesem Block zum nächsten Block in der Runde verschoben.

Lisk hat sich zum Ziel gesetzt, die erste modulare Kryptowährung zu sein. Das grundlegende Konzept von Lisk besagt, dass jeder eine Blockchain-App auf einer eigenen Sub-Blockchain, getrennt von der Haupt-Blockchain, entwickeln kann. Dies soll die Skalierbarkeit verbessern. Die Sub-Blockchain wird durch eine Gruppe von 101 Master-Nodes gesichert, die vom Eigentümer der App ausgewählt werden und mit dem gleichen Konsensus-Mechanismus wie das übergeordnete Lisk-Netzwerk arbeiten. Mit der Entwicklungssoftware von Lisk lassen sich komplett eigenständige Blockchain-Apps entwickeln. Eine derartige App ist eine vollwertige Anwendung mit eigenem Konsensus-Algorithmus, standardmäßig der Delegated Proof-of-Stake, Blockchain, optionalem benutzerdefiniertem Token sowie Verwaltungs- und Bedienoberfläche.

Es dauert zehn Sekunden, um Lisk von einem Konto zu einem anderen zu senden. Nach ungefähr ein bis zwei Minuten kann die Transaktion als unumkehrbar angesehen werden. Lisk verwendet ein inflationäres Belohnungssystem, das neue Lisk für jeden erfolgreichen Block erzeugt. Im ersten Jahr wurden die Prämien auf fünf Lisk pro Block festgesetzt. Alle 3.000.000 Blöcke, was ungefähr dem Zeitraum eines Jahres entspricht, werden die Belohnungen pro Block um ein Lisk reduziert und enden nach fünf Jahren bei einer Minimalbelohnung von einem Lisk pro Block.

Homepage: https://lisk.io

Mintcoin (MINT)

Mintcoin basiert auf Scrypt und wurde bereits fünf Wochen nach dem Start am 6. Februar 2014 zu einem Großteil erzeugt. Seitdem wird nur noch eine Mintcoin pro Block neu generiert. Nach dem Proof-of-Work kommt mittlerweile der Proof-of-Stake zum Einsatz, denn um die Gesamtmenge von 70 Milliarden Mintcoin zu erreichen, gab es für das Halten von Mintcoin in der Wallet eine jährliche Verzinsung von 20 Prozent im ersten, 15 Prozent im zweiten und 10 Prozent im dritten Jahr. Seit dem vierten Jahr bleibt die Verzinsung konstant bei fünf Prozent jährlich.

Homepage: https://www.mintcoinofficial.com

NavCoin (NAV)

NavCoin wurde im Juli 2014 veröffentlicht und mehrfach umbenannt. Ursprünglich hieß die Währung Summercoin. Dann wurde der Name zu Navajocoin, Navajo Coin und schließlich zu NavCoin geändert. Das Hauptaugenmerk des Projekts liegt auf der Schaffung einer Kryptowährung mit verbesserter Privatsphäre und Anonymität der Transaktionen. NavCoin nutzt ein duales Blockchainsystem für den Versand anonymer Transaktionen. Die Transaktionsinformationen werden verschlüsselt und durch eine zweite Blockchain gesendet, die jede Verbindung zwischen den beiden Adressen vollständig unterbricht.

Nach der Generierung von 100.000 Blöcken durch den Proof-of-Work unter Verwendung des X13-Hashing-Algorithmus hat sich die Blockgenerierung inzwischen auf die Proof-of-Stake-Methode umgestellt. Das Intervall der Blockgenerierung liegt bei 30 Sekunden. Dabei sinkt die jährliche Verzinsung von 20 Prozent im ersten Jahr auf fünf Prozent seit dem dritten Jahr. Die Gesamtmenge ist auf insgesamt 57 Millionen NavCoin begrenzt.

Homepage: https://navcoin.org

Neblio (NEBL)

Neblio ist eine Blockchain-Entwicklerplattform, die zum Aufbau dezentraler Anwendungen für Unternehmen eingesetzt werden soll. Es handelt sich dabei um Anwendungen, die Informationen enthalten und die auf verschiedenen Knoten gemeinsam genutzt werden. In der Regel verfügen sie über einen Frontend-Client, der die Daten für die verteilte Anwendung speichert und verarbeitet.

Der NEBL-Token wird auf der Neblio-Plattform verwendet, um das Netzwerk zu betreiben und abzusichern. Der Nachweis der Funktionsfähigkeit spielt ebenfalls eine wichtige Rolle für das Funktionieren von Blockchainnetzwerken. Neblio verwendet einen Proof-of-Stake-Mechanismus zur Absicherung. Eine Menge von 13.486.383 Neblio wurde im Rahmen eines Initial Coin Offerings im August 2017 an Investoren verkauft. Seitdem werden Neblio durch den Proof-of-Stake erzeugt. Die jährliche Verzinsung liegt bei ungefähr zehn Prozent.

Homepage: https://nebl.io

155

NEO (NEO)

NEO wurde im Juni 2014 unter dem Namen Antshares veröffentlicht. Antshares wurde von einem in China ansässigen Unternehmen entwickelt, das auch die Entwicklung der Mitte 2017 in NEO umbenannten Kryptowährung betreut. Dies ist einer der Gründe, warum NEO in China sehr populär ist.

NEO basiert auf der Ethereum-Software (S. 92), setzt aber eigene Akzente. NEO will traditionelle Vermögenswerte mit Hilfe von Smart Contracts in digitale Vermögenswerte umwandeln. Die Universal Lightweight Virtual Machine (NeoVM) bietet den Vorteil hoher Sicherheit und hoher Skalierbarkeit für Smart Contracts. Im Gegensatz zu anderen Smart-Contract-Plattformen ist dazu keine neue Programmiersprache notwendig, sondern es werden bekannte Programmiersprachen wie C# oder Java verwendet. Außerdem werden digitale Zertifikate unterstützt. Dies gewährleistet einen vollständigen Rechtsschutz für alle Vermögenswerte, die über die NEO-Plattform digitalisiert werden.

NEO kann mehr als 1.000 Transaktionen pro Sekunde abwickeln. In späteren Entwicklungsschritten soll die Rate auf über 10.000 Transaktionen pro Sekunde gesteigert werden. Im NEO-Netzwerk werden zwei unterschiedliche Token eingesetzt. Der NEO-Token fungiert als Investitionstoken der Blockchain. Es gibt eine maximale Menge von 100 Millionen NEO, die bei der Blockerstellung, beim Netzwerkmanagement, bei Netzwerkänderungen und anderen Aktivitäten verwendet werden. Die 100 Millionen NEO wurden alle während der Erstellung des Genesis-Blocks vorab geschaffen. 50 Millionen NEO wurden während eines Initial Coin Offerings im August 2017 an Investoren verkauft. Die restlichen 50 Millionen NEO-Token werden von einem Gremium verwaltet, das die langfristige Entwicklung von NEO unterstützen soll. Die 50 Millionen NEO werden deshalb nicht über Kryptowährungsbörsen in den Handel gelangen, sondern sie dienen ausschließlich der langfristigen Unterstützung des NEO-Projekts. Zehn Millionen NEO werden an die Entwickler und Mitglieder des Verwaltungsgremiums verteilt. Zehn Millionen NEO sollen an weitere Entwickler im NEO-Ökosystem fließen. 15 Millionen NEO werden für Investitionen in andere Blockchain-Projekte verwendet und weitere 15 Millionen NEO werden als Sicherheitsreserve einbehalten.

Der Gas-Token hat ebenfalls eine maximale Menge von 100 Millionen. Gas wird für die Ressourcenzuweisung und als Gebühr für Operationen wie Smart Contracts und als Anreiz für die Aufrechterhaltung der Blockchain verwendet. Gas wird durch ein Proof-of-Stake-Prinzip mit jedem neuen NEO-Block generiert. Die Rate liegt bei acht Gas pro Block und sinkt solange jährlich um ein Gas ab bis 100 Millionen Gas produziert worden sind. Dies wird um das Jahr 2039 geschehen. Alle Nutzer, die NEO in der offiziellen Wallet-Software halten, bekommen Gas als Dividende ausgeschüttet.

Homepage: https://neo.org

NetCoin (NET)

NetCoin wurde im September 2013 veröffentlicht und wird von der NetCoin-Stiftung, einem Team von Softwareentwicklern, gepflegt. Ursprünglich war es eine reine Proof-of-Work-Währung mit Scrypt als Hash-Algorithmus, aber später wechselte die Kryptowährung zum Proof-of-Stake-Mechanismus, der innerhalb des Projekts als Personal Investment Rate (PIR) bezeichnet wird. Dies soll die Akzeptanz von NetCoin erhöhen. Als weiteren Anreiz, das Netzwerk zu nutzen, hat NetCoin das sogenannte Open Wallet Incentive (OWI) eingeführt, eine sinkende Belohnungsrate für diejenigen Wallet-Nutzer, die nicht am Proof-of-Stake teilnehmen. Abhängig von der Menge der gehaltenen NetCoin in der Wallet ergibt sich eine Verzinsung von bis zu zehn Prozent pro Jahr. Die Gesamtmenge beträgt 320.636.160 NetCoin.

Homepage: http://netcoin.io

NobleCoin (NOBL)

NobleCoin entstand im Jahr 2014 und verwendet den Scrypt-Algorithmus. Die Währung bietet eine Blockgenerierungsrate von 60 Sekunden, um die maximale Anzahl von 15 Milliarden NobleCoin zu erzeugen. Die Kryptowährung wird von einem in Australien ansässigen Unternehmen betreut. NobleCoin ist eine reine Proof-of-Stake-Kryptowährung mit einem jährlichen Zinssatz von acht Prozent.

Homepage: https://www.noblemovement.com

Nxt (NXT)

Nxt nimmt für sich in Anspruch, eine Kryptowährung der zweiten Generation zu sein und will neben einer Währung zusätzlich ein komplettes Ökosystem für innovative Geschäftsfelder erschaffen. Die erste Version des Clients wurde am 29. September 2013 veröffentlicht.

Der Bitcoin-Quellcode diente als Grundlage für Nxt, wurde aber neu programmiert und das System bietet zahlreiche Funktionen, die in anderen Kryptowährungen nur teilweise umgesetzt sind. So gibt es neben dem Peer-to-Peer-Netzwerk auch eine Abstimmungsfunktion, ein Chat- und Nachrichtensystem sowie ein dezentrales DNS für schnellere Transaktionen. Außerdem bietet Nxt eine Börse, die den dezentralen Handel von Anteilen an Unternehmen und Projekten aus dem Kryptowährungsbereich ermöglicht.

Auch die Einführung von Nxt verlief abweichend von anderen Kryptowährungen. Im sogenannten Genesis-Block wurden im November 2013 eine Milliarde Nxt an 73 Investoren ausgeschüttet, die zuvor insgesamt 21 Bitcoin eingezahlt hatten. Seitdem wird dieser Betrag durch verschiedene Promotion-Aktionen sowie die reguläre Bezahlung für Dienstleistungen weiter verteilt. Damit ist Nxt eine der Kryptowährungen, deren Menge bereits vollständig erzeugt ist.

Nxt setzt den Proof-of-Stake ein. Da Nxt über eine fixierte Menge verfügt, werden bei der Blockgenerierung keine neuen Einheiten mehr geschaffen. Stattdessen werden die Transaktionsgebühren verteilt. Nachdem ein Guthaben für etwa einen Tag bzw. 1.440 Bestätigungen in einer Wallet am Netzwerk teilgenommen hat, wird die Nxt-Software anfangen, zu den Blockbestätigungen beizutragen und dadurch einen Anteil an den Transaktionsgebühren erwirtschaften.

Ein Merkmal von Nxt, das sogenannte Transparent Forging, ermöglicht der Software, selbst zu bestimmen, wo der nächste Block entstehen wird. Die gerade anstehende Transaktion wird an diesen Block gesendet und dann sehr schnell verarbeitet. Dadurch ergeben sich wesentlich schnellere Transaktionsgeschwindigkeiten als bei anderen Kryptowährungen. Diese schnellen Transaktionen sollen eines der herausragenden Kennzeichen von Nxt werden. Damit will Nxt in Konkurrenz zu Kreditkartentransaktionen treten, die nahezu in Echtzeit abgewickelt werden.

Homepage: https://nxtplatform.org

Pandacoin (PND)

Pandacoin basierte auf dem Scrypt-Algorithmus. Ein Großteil der insgesamt 32 Milliarden Pandacoin wurde bereits in den ersten Monaten nach Einführung erzeugt, da die ausgeschüttete Menge am Starttag, dem 18. Januar 2014, 91.146 Pandacoin pro Block betrug und seitdem täglich abnahm.

Nachdem es von den ursprünglichen Entwicklern aufgegeben worden war, wurde das Projekt im Jahr 2017 von neuen Entwicklern wiederbelebt. Mittlerweile wird der Proof-of-Stake mit einer jährlichen Verzinsung von 2,5 Prozent eingesetzt.

Homepage: http://dev.digitalpandacoin.org

Piggycoin (PIGGY)

Die Kryptowährung nutzte das Scrypt-Protokoll und ist besonders kinderfreundlich konzipiert. Kinder sollen mit Piggycoin auf spielerische Art die Funktionsweise und den Umgang mit Kryptowährungen erlernen. Die englischsprachige Homepage ist deshalb bewusst einsteigerfreundlich gehalten und soll vor allem

Kinder ansprechen. Die Gesamtmenge von Piggycoin wird bei 2,1 Milliarden liegen. Mittlerweile werden Piggycoin nur noch durch Proof-of-Stake erzeugt. Die Verzinsung liegt bei drei Prozent pro Jahr.

Homepage: https://www.piggy-coin.com

Potcoin (POT)

Potcoin basierte ursprünglich auf dem Scrypt-Protokoll. Pro Block, der durchschnittlich alle 40 Sekunden erzeugt wird, werden 210 neue Potcoin generiert. Im Jahr 2017 wurde der Proof-of-Stake-Mechanismus eingeführt, um die geplante Gesamtmenge von 420 Millionen zu erzeugen. Die jährliche Verzinsung liegt bei ca. fünf Prozent, je nach Menge und Dauer der gehaltenen Potcoin.

Der Name Pot bezeichnet im englischsprachigen Raum umgangssprachlich Marihuana. Die Entwickler haben die Kryptowährung speziell für den Einsatz in der Cannabisindustrie konzipiert, denn in den USA, Kanada und zunehmend auch in Europa findet eine Legalisierung von Cannabis statt.

Homepage: http://www.potcoin.com

Reddcoin (RDD)

Reddcoin entstand aus der Idee, eine Währung speziell für den Einsatz in sozialen Netzwerken zu generieren. Die Gesamtmenge wird bei 27,5 Milliarden Reddcoin liegen. Die Blockgenerierung erfolgt im Minutentakt. Reddcoin verwendet den Proof-of-Stake-Algorithmus. Die jährliche Verzinsung liegt bei fünf Prozent.

Die dezentrale Plattform von Reddcoin ermöglicht es Nutzern, Reddcoin in sozialen Netzwerken weltweit an jedermann zu senden oder zu empfangen und die Ersteller von digitalen Inhalten durch Mikrospenden zu unterstützen.

Homepage: https://www.reddcoin.com

SolarCoin (SLR)

Hinter SolarCoin stehen zwei Arten der Generierung von neuen Einheiten. Die erste ist der traditionelle kryptografische Nachweis. Im September 2015 wurde SolarCoin allerdings zu einer reinen Proof-of-Stake-Kryptowährung mit einem jährlichen Zinssatz von zwei Prozent umgewandelt. Die zweite Art wird als Solar Renewable Energy Certificate (SREC) bezeichnet. SolarCoin kann von Privatpersonen in Häusern mit Solarenergiepanelen auf dem Dach beansprucht werden. Dadurch soll ein Anreiz geschaffen werden, mehr Solarstrom zu produzieren, indem die Erzeuger von Solarstrom belohnt werden. Die Gesamtmenge von SolarCoin liegt bei 98,3 Milliarden, die in 40 Jahren erzeugt sein sollen. Die Menge bietet Anreize für die Erzeugung von 97.500 Terawattstunden Solarstrom.

Das Projekt wird von der SolarCoin-Stiftung, einem Zusammenschluss von Freiwilligen, betreut. Die Stiftung kümmert sich um die Verteilung der SolarCoin, denn jeder Anwender, der Solarenergie erzeugt, kann auf der Homepage die Zuteilung von einer SolarCoin pro erzeugter Megawattstunde an Solarenergie beantragen.

Homepage: https://solarcoin.org

Steem (STEEM)

Steem basiert auf der Währung BitShares (S. 144) und ist die Bezeichnung für eine Kryptowährung, in dessen Blockchain auch eine Social-Media- und Blogging-Plattform namens Steemit betrieben wird. Autoren von Kommentaren und Posts im Netzwerk können von anderen Nutzern mit Steem für ihre Beiträge belohnt werden, wobei 75 Prozent der Belohnung an den Autor fließen und 25 Prozent an den Bewerter.

Die Blockchain dient nicht nur dazu, Währungseinheiten zu transferieren, sondern in ihr können auch Texte und Medieninhalte dezentral gespeichert werden. Dadurch sind sie besser vor Zensur geschützt. Statt der Verwendung kryptografischer Hashes als Adresse werden im Steem-Netzwerk Benutzernamen eingesetzt. Das Netzwerk, das 2014 gestartet ist, wird von der Firma Steemit Inc. betrieben, die sich auch um die Weiterentwicklung kümmert.

Steem setzt nicht auf Mining, sondern auf die Delegated Proof-of-Stake-Methode. Die Steem-Nutzer wählen dabei bestimmte Anwender, die für die Verifizierung der Blöcke zuständig sind. Die Blockzeit von Steem beträgt dadurch nur drei Sekunden und es werden keine Transaktionsgebühren fällig. Steem basierte zu Beginn auf einer stark inflationären Verteilung, die eine jährliche Verdoppelung der Geldmenge vorsah. Ausgehend von Protesten der Community wurde die Inflationsrate Ende 2016 auf 9,5 Prozent pro Jahr gesenkt und eine weitere jährliche Absenkung um 0,5 Prozent implementiert. Die Gesamtmenge wird unter diesen Voraussetzungen bei 263.780.640 Steem liegen.

Neben der Kryptowährung Steem, die über Börsen in andere Währungen getauscht werden kann, gibt es im Netzwerk eine zweite, interne Währung, die STEEM Power (SP) genannt wird. STEEM Power ist an einen Nutzeraccount gebunden und verleiht diesem mehr Einfluss im Netzwerk. Ein Teil der Belohnung für das Erstellen von Beiträgen kann ebenfalls in STEEM Power ausgezahlt werden. Je mehr STEEM Power ein Account besitzt, desto höher ist der Einfluss einer Bewertung dieses Accounts. STEEM Power und Steem sind untereinander handelbar.

Homepage: https://steem.io

Stratis (STRAT)

Stratis ist eine blockchainbasierte Softwareplattform, die die Entwicklung, das Testen und die Bereitstellung von Software-Anwendungen vereinfachen will. Stratis soll als Blockchain-as-a-Service-Plattform für Unternehmen und Institutionen fungieren. Die Stratis-Plattform will ein One-Stop-Shop für alle Anwendungen sein, die auf der Blockchain basieren.

STRAT ist die Kryptowährung, die auf der Stratis-Plattform benutzt wird. Im Juli 2016 wurden 98 Millionen STRAT durch ein Initial Coin Offering verteilt, um die Entwicklung und das Marketing der Stratis-Plattform zu finanzieren. 84 Millionen STRAT gingen an Investoren, der Rest wurde an das Team und Berater verteilt sowie für Marketingkampagnen im Rahmen des Initial Coin Offerings verwendet. Nach dem ICO werden STRAT durch den Proof-of-Stake erzeugt, wobei die Verzinsung bei bis zu einem Prozent pro Jahr liegt.

Stratis unterstützt, wie auch Ethereum, Smart Contracts. Aber während bei Ethereum die Contracts in der plattformspezifischen Sprache Solidity geschrieben sind, kommt bei Stratis C# zum Einsatz, eine weit verbreitete Programmiersprache.

Homepage: http://stratisplatform.com

Version (V)

Die Kryptowährung kombiniert eine Abfolge des Proof-of-Work mit dem SHA256-Algorithmus mit dem Proof-of-Stake und bietet eine Verzinsung von 60 Prozent pro Jahr. Die Blockgenerierung erfolgt mit durchschnittlich 20 Sekunden relativ schnell. Die Gesamtmenge der durch den Proof-of-Work erzeugten Version liegt bei 2,5 Millionen. Seitdem erfolgt die Generierung nur noch durch den Proof-of-Stake.

Homepage: http://version2.org

Waltonchain (WTC)

Waltonchain kombiniert die Blockchain mit dem Internet der Dinge, speziell RFID, zu einem Managementsystem für Lieferketten. Benannt ist das Projekt nach Charlie Walton, dem Erfinder der RFID-Technologie. RFID (engl. *radio-frequency identification* = Identifizierung mit elektromagnetischen Wellen) steht für eine Technologie zum automatischen und berührungslosen Identifizieren und Lokalisieren von Objekten und Lebewesen mit Radiowellen. Meist werden dazu kleine Chips genutzt, die mit einem Lesegerät auf kurze Distanz kommunizieren. Waltonchain nutzt die RFID-Technologie, um Produkte während jedes Produktions- und Vertriebsschrittes zu identifizieren. Die mit jedem

Artikel verbundenen Daten werden in einer Blockchain gespeichert, die die Genauigkeit und Verfügbarkeit der Daten gewährleistet, egal wo im Prozess sie sich befinden. Jeder, der die Waltonchain-Technologie verwendet, kann eigene Sub-Blockchains erstellen und eigene Token einsetzen.

Waltoncoin ist die Hauptwährung im Waltonchain-Ökosystem. 100 Millionen Waltoncoin wurden mit dem Genesis-Block erschaffen und es wird keine zusätzliche Erzeugung mehr stattfinden. 25 Millionen Waltoncoin wurden im Rahmen eines Initial Coin Offerings im Juli 2017 an Investoren verkauft. 30 Millionen Waltoncoin werden durch den Proof-of-Stake verteilt, 20 Millionen Waltoncoin sind in einem Pool, aus dem die Entwicklung des Projekts finanziert wird, zehn Millionen Waltoncoin flossen an das Entwicklerteam und fünf Millionen an frühe Investoren. Waltoncoins werden hauptsächlich eingesetzt, um die Gebühren im Netzwerk zu bezahlen und die Nutzer für die Aufrechterhaltung der Blockchain zu entlohnen. Waltonchain verwendet einen eigenen Proof-of-Stake & Trust Konsens (PoST). PoST ist ähnlich wie der reine Proof-of-Stake aufgebaut. Waltonchain fügt jedoch zusätzlich einen Reputationsmechanismus hinzu, um höhere Qualität zu belohnen.

Homepage: https://www.waltonchain.org

Waves (WAVES)

Waves wurde im Juni 2016 veröffentlicht. Die Entwicklung wurde durch ein Initial Coin Offering finanziert, das von April bis Mai 2016 stattfand und ca. 30.000 Bitcoin einbrachte, was einem damaligen Wert von 16 Millionen Dollar entsprach.

Waves verwendet einen Algorithmus, der für Proof-of-Stake-Netzwerke aktualisiert wurde und Waves-NG genannt wird. Waves ist eine Open-Source-Blockchain-Plattform, die es Nutzern ermöglicht, ihre eigenen benutzerdefinierten Kryptowährungstoken zu erschaffen. Während andere Kryptowährungen, wie Bitcoin und Ethereum, an externen Börsen gehandelt werden können und Ethereum es Nutzern ermöglicht, neue Token auf der Plattform mit Hilfe eines Smart Contracts zu erstellen, enthält Waves diese Funktionalität bereits in seiner Kernsoftware. Nutzer können Blockchain-Token auf Peer-to-Peer-Basis erstellen, übertragen und austauschen, wobei Transaktionsgebühren in Waves bezahlt werden.

Der WAVES-Token, der durch Proof-of-Stake und nicht durch Mining erzeugt wird, dient als Basis für alle Operationen im Waves-Netzwerk und als Spam-Schutzmechanismus. Die Transaktionsgebühr für einfache Waves- oder Token-Übertragungen beträgt 0,001 Waves, während für die Erstellung eines neuen Tokens im Netzwerk ein Waves notwendig ist. Interessenten benötigen einen Mindestsaldo von 10.000 Waves, um sich als vollwertiger Node zu qualifizieren und neue Transaktionsblöcke zur Blockchain hinzuzufügen. Je höher die Anzahl der von einem Node gehaltenen Waves ist, desto größer ist die Wahrscheinlichkeit, dass der nächste Block abgebaut wird. Die Menge aller verfügbaren Waves wird 100 Millionen betragen.

Im März 2017 startete Waves sein Bitcoin-Gateway und erlaubt es damit Nutzern, Bitcoin, die im Waves-Netzwerk wBTC genannt werden, zu halten und zu übertragen. Die dezentrale Börse DEX wurde im April 2017 gegründet. DEX ist in die Wallet-Software integriert und ermöglicht es, Token auf Peer-to-Peer-

Basis zu handeln. DEX verwendet zentralisierte „Matcher", die Orderpaare bilden und den Handel nahezu in Echtzeit ausführen, während die endgültige Abrechnung aus Sicherheitsgründen in der Blockchain erfolgt. Im Mai 2017 wurde ein Euro-Gateway und im Juni 2017 ein US-Dollar-Gateway eingeführt, um die jeweiligen Währungen handeln zu können. Im Juni 2017 wurde auch ein Ether-Gateway hinzugefügt und im Oktober ein Gateway für den Handel mit Litecoin und Zcash.

Homepage: https://wavesplatform.com

X-Coin (XCO)

X-Coin wurde im Februar 2015 im Bitcointalk-Forum veröffentlicht. Ursprünglich wurde der Proof-of-Work mit dem SHA256-Algorithmus eingesetzt, aber bereits im März 2015 erfolgte der Wechsel zum Proof-of-Stake. Die Blockgenerierung erfolgt sofort, da jede Transaktion einen eigenen Block erhält. Jede Transaktion benötigt eine minimale Gebühr von 0,01 X-Coin, die als Basis für die Ausschüttungen des Proof-of-Stake dient. Um an den Ausschüttungen partizipieren zu können, ist ein Mindestguthaben von 1.000 X-Coin in der Wallet erforderlich. Die Ausschüttungen variieren je nach Guthaben zwischen 0,01 und 50 X-Coin wobei im ersten Jahr eine Inflationsrate von 90 Prozent vorgesehen ist, die pro Jahr um 12,5 Prozent abnehmen soll.

Homepage: http://x-coin.info

Zeitcoin (ZEIT)

Die Scrypt-Kryptowährung wurde aus einer Abspaltung von Peercoin (S. 177) entwickelt. Ursprünglich nutzte Zeitcoin eine Kombination des Proof-of-Work mit dem Proof-of-Stake, um die Gesamtmenge von 90 Milliarden zu erzeugen. Mittlerweile wird aber nur noch der Proof-of-Stake eingesetzt. Die Verzinsung lag im ersten Jahr nach dem Start bei 25 Prozent, im zweiten Jahr bei 20 Prozent und im dritten Jahr bei 15 Prozent. Im vierten und den folgenden Jahren bleibt sie bei fünf Prozent. Zeitcoin weist Bestätigungszeiten von zwei Minuten auf. Ein Prozent der Menge von Zeitcoin wurde vorab generiert, um sie für Marketing und die weitere Entwicklung des Projektes zu nutzen.

Der Name der Kryptowährung wurde von der sogenannten Zeitgeist-Bewegung (engl.: *The Zeitgeist Movement*) inspiriert. Das Ziel dieser 2008 entstandenen Bewegung ist es, gemeinschaftliche Nachhaltigkeits- und Bildungsprojekte weltweit zu koordinieren sowie jährliche Events, Medienereignisse und Wohltätigkeitsprojekte durchzuführen. Die Bewegung setzt sich auch für eine Ablösung der auf Geld basierenden Ökonomie durch eine ressourcenbasierte Wirtschaft ein.

Homepage: https://www.zeit-coin.net

Kryptowährungen mit Proof-of-Activity

BitcoinDark (BTCD)

BitcoinDark war eine dezentrale Kryptowährung, die 2014 von NovaCoin (S. 176) abgespalten worden ist und den Fokus auf Privatsphäre und Anonymität legte. Dazu wurden zwei neue Merkmale implementiert. Die Teleport-Funktion ermöglicht die anonyme Übertragung von Guthaben durch Klonen und Austausch von Standardwährungsbezeichnungen. Durch Telepathy wird die über das Netzwerk gesendete Kommunikation verschlüsselt und die IP-Adresse des anderen Benutzers maskiert. BitcoinDark nutzte eine Kombination des Proof-of-Work mit dem Proof-of-Stake. Die Entwicklung von BitcoinDark wurde jedoch eingestellt und das Projekt unter dem Namen Komodo (S. 113) neu veröffentlicht. BitcoinDark-Nutzer konnten bis Anfang 2018 ihre Bestände zu bevorzugten Konditionen in Komodo umtauschen.

Homepage: https://bitcoindark.life

Bitcoin-sCrypt (BTCS)

Die Kryptowährung ist ein Klon des ursprünglichen Bitcoin-Protokolls (S. 81), der 2013 entstanden ist. Statt des SHA256-kommt aber der Scrypt-Algorithmus zum Einsatz. Die Blockgenerierungsrate liegt bei zwei Minuten. Die Gesamtmenge beträgt wie beim Vorbild Bitcoin 21 Millionen. Im Rahmen einer Reorganisation des Projektes Anfang 2018 wird zukünftig neben dem Proof-of-Work auch der Proof-of-Stake zur Generierung neuer

Bitcoin-sCrypt eingesetzt werden. Die Verzinsung liegt bei bis zu 15 Prozent pro Jahr.

Homepage: http://bitcoinscrypt.co

CacheCoin (CACH)

CacheCoin nutzt den Scrypt-Jane-Algorithmus und eine Kombination des Proof-of-Work mit dem Proof-of-Stake. Die Blockgenerierung erfolgt im Durchschnitt alle 15 Minuten. Die ausgeschüttete Menge an neuen CacheCoin ist indirekt proportional zum Schwierigkeitsgrad. Die Gesamtmenge wird bei zehn Millionen CacheCoin liegen.

Homepage: http://cachecoin.cc

Cashcoin (CASH)

Cashcoin nutzt den Scrypt-Algorithmus sowie eine Kombination des Proof-of-Work mit dem Proof-of-Stake mit zehn Prozent Zinsen pro Jahr. Jede Transaktion erfordert eine Gebühr, die aber nicht, wie bei anderen Kryptowährungen üblich, an die Miner verteilt, sondern vernichtet wird. Dadurch soll die durch den Proof-of-Stake erzeugte Inflation ausgeglichen werden. Das Ziel ist eine jährliche Inflationsrate von ein bis drei Prozent, um die maximale Menge von 47.433.600 Cashcoin zu erreichen.

Homepage: http://www.cashcoin.cash

Curecoin (CURE)

Curecoin wurde im Mai 2014 veröffentlicht. Es handelt sich um eine hybride Proof-of-Work/Proof-of-Stake-Währung. Curecoin werden sowohl mit dem SHA256-Algorithmus erzeugt als auch durch das Halten von Curecoin in einer Wallet generiert. Curecoin nutzt die verfügbare Rechenleistung, um die Analyse der Proteinfaltung, die über das Folding@home Distributed Computing-Projekt der Stanford University durchgeführt wird, zu unterstützen. Dadurch hilft Curecoin indirekt Forschern, die an der Heilung von Krankheiten wie Krebs oder Alzheimer arbeiten.

Pro Block, der alle zehn Minuten erzeugt wird, wurden zu Beginn 13 neue Curecoin ausgeschüttet. Die Menge halbiert sich alle vier Jahre. Die Verzinsung lag ursprünglich bei einem Prozent pro Jahr und wird ebenfalls alle vier Jahre halbiert.

Homepage: https://curecoin.net

Decred (DCR)

Decred wurde im Februar 2016 unter der Beteiligung von ehemaligen Bitcoin-Entwicklern veröffentlicht. Die Kryptowährung nutzt ein Mitbestimmungssystem für die Nutzer, um Zentralisierungs- und Richtungsfragen zu entscheiden. Dadurch wird auf demokratische Weise über alle zukünftigen Probleme in der Decred-Blockchain abgestimmt, falls sie auftreten sollten. Zusätzlich bietet Decred unveränderliche Transaktionshashes, indem es die Transaktionssignaturen vom Rest der Transaktionsdaten trennt. Eine Innovation von Decred ist die automatische Ungültigkeit von Transaktionen nach einer bestimmten Zeit. Transaktionen haben ein eigenes Verfallsfeld, das vor dem Versenden ausgefüllt werden kann und verhindert, dass die Transaktionen nach Erreichen einer bestimmten Blocknummer in die Blockchain aufgenommen werden. Dadurch wird sichergestellt, dass Transaktionen automatisch abgebrochen werden, wenn beispielsweise das Netzwerk überlastet ist.

Das System nutzt ein hybrides Protokoll aus Proof-of-Work und Proof-of-Stake. Decred setzt den Blake-256-Algorithmus als Hash-Funktion für das Mining ein. Die Menge ist auf 21 Millionen Decred begrenzt, wobei acht Prozent bereits vorab erzeugt worden sind. Davon flossen 50 Prozent an die Entwickler und 50 Prozent wurden an Nutzer verteilt, die sich vorab registrieren konnten. Aus der Menge neu generierter Decred fließen 60 Prozent an die Miner, 30 Prozent an die Proof-of-Stake-Nutzer und zehn Prozent in einen Pool, der von den Entwicklern kontrolliert wird. Aus diesem Pool soll die weitere Entwicklung von Decred finanziert werden.

Homepage: http://www.decred.org

Deutsche eMark (DEM)

Die Deutsche eMark, die im Oktober 2013 veröffentlicht worden ist, basiert auf dem SHA256-Protokoll. Die Kryptowährung nutzt die alte Währungsbezeichnung der Deutschen Mark, um das Konzept der Kryptowährungen im deutschsprachigen Raum bekannter zu machen. Es handelt sich aber um keine von staatlicher Seite herausgegebene Kryptowährung.

Die Deutsche eMark nutzt eine Kombination des Proof-of-Work und des Proof-of-Stake. Durch die durchschnittliche Blockgenerierungsrate von zwei Minuten sind schnelle Transaktionen möglich. Pro Block werden 50 neue Deutsche eMark erzeugt. Durch das Mining sollen maximal 20 Milliarden Deutsche eMark bis zum Jahr 2051 erzeugt werden. Durch den Proof-of-Stake ist außerdem eine jährliche Verzinsung von rund 3,8 Prozent vorgesehen, um auch das reine Halten der Deutschen eMark als Wertspeicher attraktiv zu machen.

Homepage: http://www.deutsche-emark.org

Diamond (DMD)

Diamond wurde im Juli 2014 als hybride Proof-of-Work/Proof-of-Stake-Kryptowährung eingeführt. Diamond generiert Blöcke im Intervall von durchschnittlich einer Minute. Dadurch sind schnelle Transaktionen möglich. Zudem zählt Diamond zu den Kryptowährungen mit einer geringen Gesamtmenge, da insgesamt nur 4,38 Millionen DMD in einem Zeitraum von acht Jahren erzeugt werden. Die Ausschüttungsmenge ist dabei über acht Jahre hinweg konstant, denn pro Block wird immer ein Diamond per Groestl-Algorithmus generiert. Mining von Diamond ist allerdings nicht direkt möglich, sondern nur über Multipools, die die Auszahlung in Diamond konvertieren. Die Verzinsung des reinen Haltens von Diamond liegt bei bis zu 25 Prozent pro Jahr.

Homepage: https:/bit.diamonds

Emercoin (EMC)

Emercoin ist eine Kombination aus einer Kryptowährung und einer vollständigen Blockchain-Service-Plattform. So wird mit EmerDNS beispielsweise ein Domain Name Service angeboten und mit EmerTTS ein digitaler Zeitstempel. Das Konzept besteht darin, den Nutzern die Teilnahme an Transaktionen unterschiedlicher Art weltweit zu ermöglichen, verbunden mit schnellen Bearbeitungszeiten und niedrigen Gebühren. Emercoin verwendet sowohl Proof-of-Work mit dem SHA256-Algorithmus als auch Proof-of-Stake. Die jährliche Verzinsung liegt bei sechs Prozent. Dadurch ist die Gesamtmenge theoretisch unbegrenzt.

Homepage: https://emercoin.com

GridCoin (GRC)

GridCoin war ursprünglich eine Proof-of-Work-Kryptowährung mit Scrypt als Hashing-Algorithmus, aber die ursprüngliche Software wurde im Oktober 2014 zugunsten einer neuen Version namens „GridCoin Research" eingestellt. Das wichtigste Unterscheidungsmerkmal dieser Kryptowährung ist ein Konsensmechanismus, der in der Lage ist, die beim Mining eingesetzte Rechenkapazität zusätzlich auch für BOINC zur Verfügung zu stellen. BOINC (Berkeley Open Infrastructure for Network Computing) ist ein von der Universität Berkeley in Kalifornien entwickeltes Open-Source-Programm, das von Wissenschaftlern genutzt wird, um komplexe Rechenaufgaben durch viele einzelne Rechner lösen zu lassen. BOINC beherbergt derzeit eine Reihe wissenschaftlicher Projekte zur Krebsforschung, Hochenergiephysik, Weltraumkartierung und Krankheitsbekämpfung.

Die Blockgenerierungsrate beträgt 2,5 Minuten. Das reine Halten von GridCoin in einer Wallet bietet eine jährliche Verzinsung von 1,52 Prozent. Durch die Teilnahme am GridCoin Research Programm lassen sich fünf Prozent Rendite pro Jahr erzielen. Die maximale Menge von GridCoin beträgt 168 Millionen.

Homepage: https://www.gridcoin.us

Hshare (HSR)

Hshare ist eine dezentrale, plattformübergreifende Kryptowährung. Hshare verfügt über eine duale Sub-Blockchain, die einen uneingeschränkten Informationsfluss zwischen blockchainbasierten und blockchainlosen Systemen ermöglicht. Dadurch werden nicht nur Transaktionen zwischen Währungen, die auf einer Blockchain basieren, möglich, sondern auch mit Währungen, die ohne Blockchain funktionieren, z. B. Byteballs (S. 189) oder IOTA (S. 199). Außerdem gibt es ein Beteiligungsmodell, das sowohl auf Proof-of-Work als auch auf Proof-of-Stake beruht. Jeder Hshare-Inhaber hat die Möglichkeit an wichtigen Entscheidungen, einschließlich Protokollaktualisierungen und Updates, teilzunehmen.

Homepage: http://h.cash

NovaCoin (NVC)

NovaCoin wurde im Februar 2013 eingeführt und basiert auf dem Litecoin-Protokoll. NovaCoin benutzt allerdings eine Kombination aus dem Proof-of-Work- und dem Proof-of-Stake-Konzept. Es wird durchschnittlich alle zehn Minuten ein neuer

Block durch den Scrypt-Algorithmus generiert. Derzeit sieht das Protokoll eine Maximalmenge von zwei Milliarden Einheiten vor. Diese Begrenzung kann aber in Zukunft erweitert werden, denn es ist eine jährliche Verzinsung durch das Halten von NovaCoin in einer Wallet von einem Prozent vorgesehen. Pro Block werden 9,4 NovaCoin generiert.

Homepage: https://novaco.in

Peercoin (PPC)

Peercoin, die auch als PPCoin oder Peer-to-Peer-Coin bezeichnet wird, wurde im August 2012 von einem Entwickler oder einem Team mit dem Pseudonym Sunny King veröffentlicht. Von Sunny King wurde auch die Kryptowährung Primecoin (S. 130) entwickelt.

Peercoin ist die erste Kryptowährung, die eine Kombination des Proof-of-Work mit dem Proof-of-Stake nutzte. Seitdem wurde dieses Prinzip von zahlreichen weiteren Währungen kopiert und mit der Bezeichnung Proof-of-Activity versehen. Wie bei vielen anderen Kryptowährungen wird ein bestimmter Anteil der Gesamtmenge durch Mining erzeugt. Ein neuer Block mit Transaktionen, der zu Beginn 50 neue Peercoin enthielt, wird durchschnittlich alle zehn Minuten generiert. Mit zunehmender Schwierigkeit der Mining-Prozesse, die auf dem SHA256-Algorithmus basieren, werden Besitzer von Peercoin aber auch mit zusätzlichen Peercoin entschädigt. Anhand der Anzahl und des Alters der Peercoin eines Nutzers kann ein alternativer Schwierigkeitsgrad unterboten und ein neuer Block erzeugt werden. Die Verzinsung liegt bei einem Prozent des eigenen Guthabens pro Jahr. Im Gegensatz zum deflationären Bitcoin erhöht sich die Peercoin-Menge dadurch pro Jahr um ein Prozent. Durch den Zinseszinseffekt entsteht ein exponentielles Wachstum und eine theoretisch unbegrenzte Menge an Peercoin.

Um dem inflationären Effekt der jährlichen Verzinsung entgegenzuwirken, gibt es bei Peercoin eine konstante Transaktionsgebühr von 0,01 Peercoin. Diese Gebühr geht allerdings nicht an den Erzeuger des Blocks, sondern sie wird vernichtet. Dadurch kann jede Peercoin an durchschnittlich 100 Transaktionen teilnehmen, ehe tatsächlich Deflation einsetzt und der Effekt des exponentiellen Wachstums gestoppt wird.

Homepage: https://peercoin.net

Kryptowährungen mit Proof-of-Capacity

Burst (BURST)

Burst wurde im August 2014 veröffentlicht und basiert auf Nxt (S. 158). Allerdings kommt eine Miningmethode namens Proof-of-Capacity zum Einsatz. Statt der Rechenkapazität von Grafikkarten oder Hauptprozessoren wird der ungenutzte Festplattenspeicher der Miner erschlossen. Für das Mining wird zunächst ein großer Datensatz, der als Plot bezeichnet wird, auf dem freien Festplattenspeicher berechnet. Miner konkurrieren mit der Größe ihrer Plotdateien und nicht, wie bei anderen Kryptowährungen, mit der Rechenkapazität. Dadurch ist Burst sehr energieeffizient, denn Festplatten verbrauchen im Betrieb weitaus weniger Energie als ASIC-Miner oder Grafikkarten, die für den Proof-of-Work verwendet werden.

Das Burst-Wallet ist ein Java-basierter Client, der lokal in jedem Webbrowser läuft. Neben der Entwicklung einer Kryptowährung mit einer Gesamtmenge von 2.158.812.800 Burst bietet das Projekt auch einen dezentralen Marktplatz und weitere Angebote.

Homepage: https://www.burst-coin.org

MaidSafeCoin (MAID)

MaidSafeCoin wurde im April 2014 über ein Initial Coin Offering veröffentlicht. Dabei wurden 452 Millionen MaidSafeCoin erzeugt. Die Idee hinter dem Projekt ist die komplette Dezentralisierung des Internets durch die Errichtung des SAFE-Netzwerks. SAFE steht *Secure Access For Everyone* (dt. Sicherer Zugang für Jeden) und soll über Peer-to-Peer die Struktur des Internets verändern. Die Rechner des SAFE-Networks sind miteinander verbunden und stellen Festplattenkapazität und Rechenleistung für die Anwender bereit. Dieser Service nennt sich Vault (engl. *vault* = Tresorraum). Die jeweiligen Daten der Anwender sind kryptografisch verschlüsselt und über die einzelnen Vaults verteilt. Sie können nur vom Eigentümer genutzt werden. Dadurch entfallen zentrale Server oder Rechenzentren. Jeder, der Rechnerkapazität oder Speicherplatz für das SAFE-Netzwerk bereitstellt, soll als Kompensation sogenannte Safe-Coins erhalten. Dieser Prozess wird im SAFE-Netzwerk Farming genannt. Mit diesen Coins können im SAFE-Netzwerk zusätzliche Leistungen eingekauft werden. MaidSafeCoin sind derzeit Token, die in Zukunft, sobald das SAFE-Netzwerk eingerichtet ist, gegen Safe-Coins eingetauscht werden können. Die maximale Menge an Safe-Coins soll bei 4,3 Milliarden liegen.

Homepage: https://maidsafe.net

Storj (STORJ)

Storj wurde im Juli 2014 zuerst unter dem Namen Storjcoin X veröffentlicht. Mittlerweile wird das Projekt von der Firma Storj Labs Inc. betreut. Storj nutzt die Blockchain-Technologie, um dezentralen Cloud-Speicher bereitzustellen, der von Anwendern, die die Storj-Software einsetzen, gemeinsam genutzt wird. Alle Nutzer, die das Storj-Netzwerk unterstützen, indem sie Speicherplatz auf ihren Computern mit Hilfe der Storj Share-Anwendung bereitstellen, erhalten als Belohnung Storj. Nutzer, die Daten im Storj-Cloud-Netzwerk speichern wollen, steht ein separates Softwareprogramm namens MetaDisk zur Verfügung. Die Speicherung von Daten kann mit Dollar bezahlt werden. Die Gesamtmenge aller verfügbaren Storj soll bei 500 Millionen Einheiten liegen.

Homepage: https://storj.io

Kryptowährungen mit Proof-of-Importance

NEM (XEM)

NEM wurde von einem Nutzer des Bitcointalk-Forums namens UtopianFuture ins Leben gerufen. Der ursprüngliche Plan für NEM war, einen Fork von Nxt (S. 158) zu erstellen, aber der Plan wurde zugunsten einer komplett neuen Kryptowährung verworfen. Ab dem 19. Januar 2014 begann im Bitcointalk-Forum ein Aufruf zur Teilnahme an der Entwicklung. Ziel des Projektes war es, eine Kryptowährung zu schaffen, die auf den Wünschen und Bedürfnissen der Community basiert.

NEM wurde am 31. März 2015 in einer ersten stabilen Version veröffentlicht. Die Design-Architektur von NEM besteht aus zwei Komponenten. Einer davon ist der NEM Infrastructure Server (NIS). Der zweite ist die Software, die für die Interaktion mit dem Netzwerk verwendet wird. Derzeit wird die Wallet-Software NanoWallet unterstützt. NanoWallet verfügt über HTML und JavaScript und kann auf jeder Plattform mit einem Webbrowser laufen. NanoWallet kommuniziert mit beliebigen NIS, um Transaktionen an das restliche Netzwerk zu senden und Informationen über Netzwerkereignisse zu erhalten.

Die modulare Architektur von NEM ermöglicht es, die Wallet-Software vor externen Angriffen zu schützen. Es ist praktisch unmöglich die Wallet zu hacken, wenn sie über eine Firewall mit dem NIS verbunden ist. Wallets können auf jedem beliebigen Computer verwendet werden. Dies ermöglicht jedem Gerät, einschließlich Computern mit geringer Leistung und mobilen Geräten, mit der NEM-Blockchain zu interagieren.

NEM führte den Proof-of-Importance als neue Methode der Transaktionsbestätigung ein. Die Bedeutung eines NEM-Nutzers wird durch die Anzahl der NEM und die Anzahl der Transaktionen bestimmt, die er mit seiner Wallet tätigt. In einem Proof-of-Stake-System muss ein Nutzer eine bestimmte Anzahl von Kryptowährungseinheiten haben, um einen Block zu bilden, aber bei NEM-Transaktionen wird neben dem Volumen und auch die Anzahl der Transaktionen zu einem bestimmenden Faktor. Dadurch sollen NEM-Anwender dazu animiert werden, nicht einfach nur NEM zu halten, sondern aktiv Transaktionen durchzuführen.

Voraussetzung für die Teilnahme am Proof-of-Importance ist, dass ein Konto mindestens 10.000 NEM besitzt. Alle Konten mit mehr als 10.000 NEM haben einen Wert ungleich Null. Bei der Menge von maximal 8.999.999.999.999 NEM beträgt die theoretische Höchstzahl der Konten mit einer Bedeutung ungleich Null 899.999.999. In der Praxis ist allerdings nicht davon auszugehen, dass die Anzahl der tatsächlichen Konten mit einer Bedeutung von ungleich Null an den theoretischen Maximalwert heranreichen wird. Neue NEM, die in Blöcken mit einem Intervall von einer Minute erzeugt werden, werden an die Nodes mit einem Guthaben von mehr als 10.000 NEM verteilt. Im Gegensatz zum Mining wird dieser Prozess als Harvesting (engl. *to harvest* = ernten) bezeichnet.

Die NEM-Blockchain-Software wird in einer kommerziellen Blockchain namens Mijin eingesetzt, die von Finanzinstituten und Privatunternehmen in Japan und international getestet wird. Ziel von Mijin ist es, die Bankgebühren für Transaktionen um bis zu 90 Prozent zu reduzieren.

Homepage: https://nem.io

Kryptowährungen mit Initial Coin Offering

0x (ZRX)

0x (ausgesprochen „zero-x") ist eine dezentrale Plattform, die es Nutzern ermöglicht, verschiedene Arten von Ethereum-Token zu handeln. 0x ist ein Protokoll auf der Ethereum-Blockchain, das auch die Smart Contracts von Ethereum (S. 92) für seine Operationen verwendet. Die Entwickler von 0x möchten, dass jeder Vermögenswert als Token auf der Ethereum-Blockchain abgebildet werden kann – einschließlich Aktien, Papiergeld und Gold. Dadurch soll ein System geschaffen werden, das alle Vermögenswerte, die als Token dargestellt werden, effizient handelbar macht.

50 Prozent der Gesamtmenge von einer Milliarde ZRX, die Währung von 0x, wurden im August 2017 im Rahmen eines Initial Coin Offerings an Investoren verkauft. ZRX wird verwendet, um die Handelsgebühren für den Austausch zwischen den einzelnen Wertgegenständen zu bezahlen. Außerdem gewähren ZRX Stimmrechte bei Abstimmungen über die zukünftige Entwicklung von 0x.

Homepage: https://0xproject.com

Aelf (ELF)

Aelf ist ein dezentrales, sich selbst entwickelndes Netzwerk, das von dem in China ansässigen Unternehmen Hoopox veröffentlicht worden ist. Es besteht aus einer Haupt-Blockchain und mehreren Sub-Blockchains. Anstatt jeden Smart Contract in der

Haupt-Blockchain zu platzieren, erhält er eine eigene Sub-Blockchain. Dadurch wird das gesamte System schneller und übersichtlicher. Aelf bietet ein hocheffizientes Multi-Chain-Parallelprozess-System und ein Computernetzwerk mit sich selbst entwickelnder Steuerung und einer Kommunikation über verschiedene Blockchains hinweg.

Aelf verwendet die ELF-Token, um die im Netzwerk entstandenen Kosten zu bezahlen. Mit ELF-Token werden der Betrieb und die Entwicklung des Systems sowie der Einsatz von Smart Contracts finanziert. ELF-Token ermöglichen es der Community auch, über Entscheidungen, wie die Einführung neuer Merkmale und andere wichtige Neuerungen, abzustimmen. Die insgesamt 260 Millionen ELF-Token wurden im November und Dezember 2017 an Investoren verkauft sowie an das Entwicklerteam, strategische Partner und die Aelf-Stiftung verteilt.

Homepage: https://aelf.io

Augur (REP)

Das Augur-Projekt, das im Jahr 2016 veröffentlicht worden ist, basiert auf der Ethereum-Plattform (S. 92) und zielt darauf ab, Elemente der Blockchain-Technologie mit der Spieltheorie und finanziellen Anreizen zu kombinieren, um bessere Aussagen über das Verhalten von Kollektiven, auch bekannt als kollektive Intelligenz, machen zu können. Dadurch soll die genauere Vorhersage von zukünftigen Ereignissen ermöglicht werden.

Augur kann als dezentrales Umfragesystem verwendet werden, das es Anwendern ermöglicht, Fragen zu stellen und Informationen zu erhalten, ohne von einer einzelnen Person oder Organisation abhängig zu sein. Wenn Nutzer innerhalb des Systems über bestimmte Ereignisse berichten, werden sie belohnt. Die dabei benutzte Währungseinheit wird Reputation, kurz REP, genannt. Es gibt insgesamt elf Millionen REP. 8,8 Millionen REP wurden im Rahmen eines Initial Coin Offerings von August bis Oktober 2015 an Investoren verkauft. Die restlichen 2,2 Millionen wurden an das Entwicklerteam und die Berater sowie die Forecast-Stiftung verteilt, die für die Pflege, Weiterentwicklung und das Marketing der Plattform verantwortlich ist.

Homepage: https://augur.net

Bancor (BNT)

Bancor wird von einer gemeinnützigen Organisation mit Sitz in Zug, Schweiz, betreut. Das Bancor-Protokoll erlaubt es jedem Nutzer eine neue Kryptowährung zu erstellen, die als Smart-Coin bezeichnet wird. Mit Bancor wird für die neue Kryptowährung automatisch ein Preis ermittelt und Liquidität für andere Währungen bereitgestellt. Mit Bancor kann auch eine Mischform erstellt werden, die mehrere auf Ethereum (S. 92) basierende Token als Basiswährungen nutzt. So kann in einem Token ein Portfolio an anderen Token geschaffen und damit gehandelt werden. Darüber hinaus ist geplant, jeden Vermögenswert zu unterstützen, sei es eine Fiat-Währung (z. B. Dollar), eine Kryptowährung (z. B. Ethereum), ein Token, das in einem Initial Coin Offering herausgegeben wurde (z. B. Augur), oder ein Token, das physische Werte repräsentiert (z. B. Gold).

Bancors Token, dessen Gesamtmenge 79.384.422 Einheiten beträgt, ist der vereinheitlichende Reserve-Token, der alle Netzwerk-Token miteinander verbindet. Im Juni 2017 konnte die Bancor-Stiftung im Rahmen eines Initial Coin Offerings innerhalb von drei Stunden alle Bancor Token an Investoren verkaufen und mehr als 155 Millionen Dollar einnehmen.

Homepage: https://www.bancor.network

Binance Coin (BNB)

Binance ist die Bezeichnung für eine Handelsplattform für Kryptowährungen, die in China beheimatet ist (S. 55). Binance setzt sich aus den Worten *binary* (dt. binär) und *finance* (dt. Finanzen) zusammen und soll darauf hinweisen, dass auf der Plattform nur Kryptowährungen gehandelt werden können. Die Handelssoftware von Binance ist in der Lage, bis zu 1,4 Millionen Aufträge pro Sekunde abzuwickeln. Neben der mehrstufigen Sicherheitsarchitektur ist die Unterstützung für zahlreiche Endgeräte eine weitere Eigenschaft der Plattform.

Die Binance Coin ist eine auf der Ethereum-Plattform (S. 92) im Jahr 2017 ausgegebene Kryptowährung, mit der Gebühren für Transaktionen und Listungen für den Handel auf der Binance-Plattform bezahlt werden können. Eine normale Transaktion kostet eine Gebühr von 0,1 Prozent des Handelsbetrages. Um die Attraktivität der Binance Coin zu steigern, gibt es Rabatte, wenn Handels- und Transaktionsgebühren damit bezahlt werden. Im ersten Nutzungsjahr werden 50 Prozent Rabatt auf alle Gebühren gewährt, im zweiten Jahr 25 Prozent, im dritten Jahr 12,5 Prozent und im vierten Nutzungsjahr 6,75 Prozent. Ab dem fünften Jahr gibt es keine Rabatte mehr. Darüber hinaus kündigte Binance einen Rückkaufplan an, in dessen Verlauf bis zu 100 Millionen Binance Coin von der Plattform zurückgekauft werden sollen, um sie zu vernichten. Dadurch soll der Wert der restlichen 100 Millionen Binance Coin gesteigert werden.

Homepage: https://binance.com/de

Byteball (GBYTE)

Byteball will sichere Peer-to-Peer-Zahlungen ermöglichen, indem sich beide Seiten auf Konditionen einigen, ohne deren Erfüllung auch die dazugehörige Transaktion nicht ausgeführt wird. Um eine möglichst schnelle Abwicklung der Zahlungen zu garantieren, setzt Byteball im Gegensatz zu vielen anderen Kryptowährungen nicht auf eine klassische Blockchain. Stattdessen werden nur Transaktionen gespeichert. Das zugrundeliegende Prinzip nennt sich Directed Acyclic Graph (DAG). Die Blockchain wird dadurch direktional und azyklisch, d. h. auf einen Block folgt ein weiterer, der keiner der Vorgängerblöcke ist. Stattdessen werden DAG-Transaktionen miteinander verknüpft, d. h. eine Transaktion bestätigt die nächste und so weiter. Jede Transaktion enthält – neben den für die Versendung vorgesehenen Daten – die Signaturen der Transaktionsinitiatoren sowie Hashes der vorherigen Transaktionen. Damit wird jeder Nutzer zu einem Miner, indem er durch die Daten der neuen Transaktionen die alten bestätigt und unveränderlich macht.

Byteball unterstützt auch Smart Contracts, wodurch Transaktionen an festgelegte Bedingungen geknüpft werden können. Neben der Währungseinheit Bytes gibt es die sogenannten Blackbytes, die vollkommen anonyme Zahlungen ermöglichen. Die Transaktionen laufen direkt zwischen zwei Parteien und werden nicht in einer öffentlichen Datenbank aufgeführt. Außerdem bietet die Byteball-Wallet die Möglichkeit, Zahlungen direkt über Chatbots abzuwickeln. Dazu ist in die Software ein eigener Bot-Store integriert.

Die Gesamtmenge wird bei einer Million GBYTE liegen. Ein GBYTE entspricht einer Milliarde BYTES. Ein Teil der Gesamtmenge von Byteball wurde im Rahmen mehrerer Runden kostenlos an die Besitzer von Bitcoin und Bytes verteilt. Zukünftig soll es weitere Verteilaktionen geben, um die Akzeptanz der Währung zu erhöhen.

Homepage: https://byteball.org

Cindicator (CND)

Cindicator wurde im Jahr 2015 entwickelt, aber erst im Oktober 2017 durch ein Initial Coin Offering am Markt platziert. Von der Gesamtenge von zwei Milliarden Cindicator wurden beim ICO 75 Prozent an Investoren verkauft.

Cindicator arbeitet an der Schaffung eines offenen Ökosystems, das die kollektive Intelligenz von Finanzanalysten, Datenwissenschaftlern und Händlern mit künstlicher Intelligenz verbindet. Dadurch soll ein effizienterer Ansatz und prädiktive Analysen für die Vermögensverwaltung ermöglicht werden. Der sogenannte Cindicator Bot verwendet prädiktive Analysen, Daten und Marktindikatoren, um traditionelle und kryptografische Marktanalysen durchzuführen und zu kombinieren. Er aggregiert Daten von Tausenden von Analysten auf der ganzen Welt und kombiniert Dutzende von Modellen des maschinellen Lernens, um seinen Benutzern bessere Informationen zur Verfügung zu stellen. Außerdem gibt es den Cryptometer Bot, der als persönlicher Kryptowährungsassistent Signale für zeitkritische Marktchancen liefert. Mit Cindicator-Token können die Nutzer die Gebühren für den Zugang zu diesem Informationsökosystem bezahlen. Zusätzlich gibt es einen separaten Zugang zu allen bestehenden Produkten, einschließlich Handelssignalen, Ratings und internen Analysen.

Homepage: https://cindicator.com

Decentraland (MANA)

Decentraland, das vom gleichnamigen Unternehmen betreut wird, will eine virtuelle Realität auf Basis der Ethereum-Blockchain (S. 92) aufbauen. Das Prinzip der Plattform ist vergleichbar mit dem Spiel Second Life, das in einer Online-3D-Infrastruktur virtuelle Welten erschafft, in der Menschen durch Avatare interagieren und spielen können. Auch in der virtuellen Welt von Decentraland können sich die Nutzer frei bewegen und mit anderen Anwendern interagieren. Ebenso soll es möglich sein, Gegenstände zu erschaffen oder Grundstücke erwerben. Mit Decentraland, das im Spiel als MANA bezeichnet wird, können virtuelle Waren, Dienstleistungen und Immobilien gekauft werden. Die gekauften Grundstücke haben eine feste Größe von 10 mal 10 Meter und der Eigentümer kann darauf nach eigener Wahl Konstruktionen errichten.

Die Gesamtmenge liegt bei 2.805.886.393 MANA. 40 Prozent davon wurden bei einem Initial Coin Offering im August 2017 innerhalb von 35 Sekunden an Investoren verkauft und erlösten 24 Millionen Dollar. 20 Prozent sind für strategische Partner reserviert, 20 Prozent für das Entwicklerteam und 20 Prozent flossen an eine Stiftung.

Homepage: https://decentraland.org

Dentacoin (DCN)

Dentacoin ist eine Kryptowährung, die speziell für die Welt der Zahnmedizin und Dentalindustrie entwickelt worden ist. Das Ökosystem von Dentacoin wird aus mehreren Teilen bestehen, darunter eine Plattform für Erfahrungsberichte, ein Versicherungssystem und eine Gesundheitsdatenbank, die alle auf der Blockchain aufbauen. Zunächst wird sich Dentacoin auf Rezensionen konzentrieren. Die Dentacoin Trusted Reviews Plattform ist die weltweit erste blockchainbasierte Plattform für vertrauenswürdige Bewertungen von Zahnarztpraxen. Patienten können dieses Bewertungssystem nutzen, um Bewertungen ihrer zahnärztlichen Erfahrung im Austausch für Dentacoin zu erstellen. Zahnärzte hingegen können auf aktuelle und genaue Marktforschungsdaten zum Patientenfeedback zugreifen. Außerdem plant Dentacoin in Zukunft ein blockchainbasiertes Konzept der Zahnversicherung auf den Markt zu bringen.

Dentacoin wird von der in den Niederlanden ansässigen Dentacoin-Stiftung betreut. Jede Dentacoin ist rechtlich an einen Anteil der Dentacoin-Stiftung gebunden, einschließlich aller materiellen und immateriellen Vermögenswerte der Stiftung. Darüber hinaus können die Inhaber von Dentacoin über alle wichtigen Entscheidungen abstimmen.

Dentacoin wird eine Gesamtmenge von acht Billionen Einheiten haben. Drei Prozent davon bzw. 240 Milliarden Dentacoin wurden im Rahmen eines Vorverkaufs und eines Initial Coin Offerings von Juli bis November 2017 an Investoren verkauft. Weitere Initial Coin Offerings sollen in den kommenden Jahren folgen.

Homepage: https://dentacoin.com

Electroneum (ETN)

Electroneum wurde von der britischen Firma Electroneum Limited mit dem Ziel entwickelt, die Märkte für mobile Spiele und Online-Glücksspiele zu bedienen. Der Fokus liegt dabei auf Benutzerfreundlichkeit für Smartphones, schnellen Transaktionen und einfachen Mikrozahlungen.

Electroneum kombiniert eine dezentrale Blockchain mit einer zentralen Marketing-Applikation, die die Einführung und Akkumulation von Kryptowährungen durch spielerische Elemente fördert. Die Entwickler nennen diese Methode Mobile Mining Experience. Nutzer mobiler Endgeräte können Electroneum durch Mining auf dem Smartphone und durch virales Marketing verdienen, indem sie andere Nutzer in das Netzwerk bringen. Transaktionen sind kostenlos, sodass Electroneum einfach gesendet und empfangen werden kann.

Die Gesamtmenge von 21 Milliarden wird auf zwei Wegen erzeugt. Im Rahmen eines Initial Coin Offerings wurden im September und Oktober 2017 6,3 Milliarden Electroneum verkauft. Der Rest soll durch mobiles Mining erzeugt werden.

Homepage: https://electroneum.com

Factom (FCT)

Factom ist eine Kryptowährung, die im September 2015 von dem gleichnamigen amerikanischen Unternehmen eingeführt worden ist. Im Gegensatz zu Bitcoin, dessen Blockchain nur für Währungstransaktionen eingesetzt wird, verfügt Factom über eine erweiterte Blockchain, die es jedem ermöglicht, neue Einträge einzufügen, einschließlich Verträge und vertrauliche Daten in Form von Skripten und Anwendungen. Factom erzeugt dazu in einer zusätzlichen Datenschicht ein Aufzeichnungssystem für Informationen aller Art.

Als Anreiz, das Netzwerk zu pflegen und die Blockchain zu erhalten, gibt Factom Factoids heraus. Factoids werden benötigt, um Einträge in die Blockchain vornehmen zu können. Dabei werden die Factoids vernichtet, wodurch ein deflationäres System entsteht. Bei einem Initial Coin Offering im März 2015 brachten Investoren 2.278 Bitcoin auf, was zur Schaffung von 8.759.968 Factoids führte. Die Gesamtmenge ist jedoch nicht gedeckelt und jedes Jahr werden 73.000 Factoids pro Monat neu erzeugt.

Homepage: https://www.factom.com

FunFair (FUN)

FunFair ist eine auf Ethereum (S. 92) basierende Plattform für Online-Casino-Spiele. FunFair betreibt allerdings kein Casino, sondern ermöglicht Casinobetreibern über ein Lizenzmodell mit nur wenigen Klicks ein eigenes Casino zu erstellen. FunFair nutzt nachprüfbare Smart Contracts, um zu beweisen, dass das

Glücksspiel fair ist und die Gewinnchancen wie angekündigt sind.

FUN ist die Währung, die auf der FunFair-Plattform verwendet wird. Es wird als Chip bei allen Glückspielen verwendet, ebenso werden alle Gebühren, wie z. B. die Lizenzgebühren der Casinobetreiber, mit FUN bezahlt. Am 22. Juni 2017 wurden insgesamt 11 Billiarden FUN generiert. Die Menge ist limitiert, denn es werden keine neuen FUN erzeugt werden. 25 Prozent der Gesamtmenge wurden im Rahmen eines Initial Coin Offerings an Investoren verkauft. Der Rest wird in Reserve gehalten. Außerdem werden die als Gebühren bezahlten FUN in den ersten beiden Jahren vernichtet, um den Wert der restlichen Einheiten zu stützen.

Homepage: https://funfair.io

Gnosis (GNO)

Gnosis wurde im April 2017 im Rahmen eines Initial Coin Offerings auf der Ethereum-Plattform veröffentlicht. Ähnlich wie Augur (S. 186) will Gnosis ein dezentraler Prognosemarkt werden. Es soll ein einfach zu bedienendes Netzwerk für Prognosemärkte geschaffen werden, um Informationen für Finanzmärkte zu bieten. Die erste Anwendung ist eine auf Prognosen basierende Feedback-Software für Wertpapier-Analyse-Firmen. Gnosis will in Zukunft auch Prognosen für Versicherungen und deren Kunden anbieten. Die Gesamtmenge liegt bei zehn Millionen Gnosis.

Homepage: https://gnosis.pm

Golem (GNT)

Golem ist ein Kryptowährungstoken, der über das Ethereum-Netzwerk (S. 92) geschaffen worden ist. Ziel des Golem-Projekts ist der Aufbau eines globalen, offenen und dezentralen Supercomputers aus den Computern der Nutzer des Golem-Netzwerkes. Golem ermöglicht es Nutzern, nicht benötigte Rechenleistung gegen die Bezahlung mit GNT zu vermieten und so die Kosten für die Rechenleistung zu senken. Dadurch können Unternehmen, die sowohl zunehmend Cloud-Software einsetzen als auch immer mehr Rechenleistung für Projekte benötigen, flexibel Rechenleistung zumieten. Im Rahmen eines Initial Coin Offerings im November 2016 wurde die Gesamtmenge von einer Milliarde Golem vollständig erzeugt. 180 Millionen waren für die Gründer und Entwickler reserviert und 820 Millionen Golem wurden an Investoren verkauft.

Homepage: http://golem.network

GXChain (GXS)

GXChain ist ein dezentraler Datendienst und eine Plattform für den sicheren und anonymen Datenaustausch zwischen Organisationen und Behörden aller Art. Die Funktionen zum Schutz der Privatsphäre der Plattform ermöglichen es den Nutzern, ihre Daten vertraulich zu behandeln, die Authentizität der Daten zu überprüfen und zu übertragen. Die Plattform hat außerdem Überprüfungs- und Validierungssysteme für Mitglieder eingerichtet, um sicherzustellen, dass die Integrität der Benutzer vorab geprüft wird. Die Blockchain kann 10.000 bis 100.000 Transaktionen pro Sekunde mit einer Blockzeit von drei Sekunden verarbeiten. Die Gesamtmenge wird bei 100 Millionen GXChain liegen, wovon 60 Millionen bei einem Initial Coin Offering im August 2017 an Investoren verkauft worden sind.

Homepage: https://gxs.gxb.io/en/

ICON (ICX)

ICON, das von einem in Korea ansässigen Unternehmen betreut wird, will den Aufbau eines der größten dezentralen Netzwerke der Welt erreichen. Dadurch soll eine Plattform geschaffen werden, auf der Anbieter aus den Bereichen Finanzen, Versicherungen, Gesundheitswesen und Bildung in einem einzigen Netzwerk koexistieren und interagieren können.

Auf seiner Plattform verbindet ICON ein System unterschiedlicher Blockchains verschiedener Kryptowährungen durch die sogenannte ICON-Republik. Wie der Name schon andeutet, fungiert die ICON-Republik als Steuerungszentrale einer Gemeinschaft von ansonsten unabhängigen Blockchain-Gremien. Die Blockchains sind mit der ICON-Republik durch Repräsentanten, den sogenannten C-Reps, verbunden. Blockchains, die ICON verwenden, können Währungen über den dezentralen Marktplatz der Plattform austauschen.

Von der Gesamtmenge von 400.230.000 ICON wurden 50 Prozent im Rahmen eines Initial Coin Offerings im Oktober 2017 an Investoren verkauft. Zehn Prozent flossen an das Entwicklerteam und Berater, zehn Prozent an strategische Partner und der Rest an die ICON-Stiftung sowie in eine strategische Reserve.

Homepage: https://www.icon.foundation

Iconomi (ICN)

Bei Iconomi handelt es sich um ein slowenisches Unternehmen, das eine gleichnamige Handelsplattform für digitale Anlageprodukte betreibt. Im Rahmen eines Initial Coin Offerings wurden im Oktober 2016 insgesamt 85 Millionen Iconomi an Investoren verkauft.

Iconomi bietet zwei Fonds an, die auf Kryptowährungen basieren und es Anlegern erlauben, in digitale Währungen zu investieren, ohne die einzelnen Kryptowährungen kaufen zu müssen. Der BLX (Columbus Capital Blockchain Index) ist ein passiv verwalteter Indexfonds, der die gesamte Krypto-Ökonomie abbildet. Die Zusammensetzung des Fonds wird jeden Monat entsprechend vorab definierter Kriterien sowie der Marktlage verändert. In den BLX-Fonds kann durch Einzahlung von Fiat-Währungen auf der Plattform investiert werden.

Der zweite Fonds, der CCP (Columbus Capital Pinta), ist ein aktiv verwalteter Fonds. Ein Team aus Experten investiert in Startups und lukrative Initial Coin Offerings. In den Fonds kann nicht direkt investiert werden. Durch den Kauf des ICN-Token erwirbt man indirekt einen Anteil an dem Fonds. Der ICN-Token ist gleichzeitig auch ein Anteilsschein am Unternehmen. Iconomi erhebt bei allen gelisteten Fonds Gebühren, sowohl bei den Transaktionen als auch auf die jährliche Wertentwicklung. Die Gebühren werden an die Inhaber von ICN als Dividende ausgeschüttet.

Homepage: https://www.iconomi.net

IOTA (MIOTA)

IOTA wurde im Jahr 2016 von einem Berliner Startup veröffentlicht. Die kleinste Rechnungseinheit ist ein Iota, dessen Name sich aus dem griechischen Alphabet ableitet und „kleinster Buchstabe" bedeutet. IOTA wird üblicherweise in der Einheit Mega-IOTA gehandelt. 1 MIOTA entspricht 1.000.000 IOTA. Da IOTA nicht durch Mining oder Minting erzeugt wird, existieren alle 2.779.530.283.277.761 IOTA seit Veröffentlichung der Währung. Die Gesamtmenge wurde im Rahmen eines Initial Coin Offerings im November und Dezember 2015 an Investoren verkauft. Es wurden keine IOTA von den Entwicklern als Reserve zurückgehalten. Stattdessen nutzten die Entwickler die bei der ICO eingesammelten Bitcoin, um sich selbst und die Weiterentwicklung der Technologie zu finanzieren.

Die Kryptowährung ist auf die Bereitstellung von sicheren Kommunikations- und Zahlungsdiensten zwischen Computern im Internet der Dinge (engl. *Internet of Things*, kurz IoT) spezialisiert. Durch den Einsatz der DAG-Technologie (Directed Acyclic Graph) anstelle der herkömmlichen Blockchain-Technologie sind die Transaktionen von IOTA unabhängig von ihrer Größe kostenlos und die Bestätigungszeiten sehr schnell. Außerdem ist die Anzahl der Transaktionen, die das System gleichzeitig verarbeiten kann, unbegrenzt.

Statt einer herkömmlichen Blockchain nutzt IOTA das sogenannte Tangle (engl. *tangle* = Gewirr). Statt Blöcken mit Transaktionen sind die Transaktionen selbst die Bestandteile des Netzwerkes. Der Transaktionsablauf unterscheidet sich deshalb bei IOTA grundlegend im Vergleich zu anderen Kryptowährungen. Damit ein IOTA-Nutzer eine Transaktion senden kann, muss er zwei weitere, zufällig ausgewählte Transaktionen validieren. Dafür entfallen die Transaktionsgebühren. Eine gesendete Transaktion muss einen ausreichenden Grad an Verifizierung aufweisen, d. h. sie muss ausreichend oft von anderen Nutzern validiert worden sein, um vom Empfänger als bestätigt akzeptiert zu werden. Aus diesem System ergibt sich eine hohe Skalierbarkeit. Je mehr Nutzer im IOTA-System Transaktionen senden, desto schneller werden die Transaktionen bestätigt, denn jedes Versenden setzt die vorherige Bestätigung von zwei anderen Transaktionen voraus.

IOTA ist Gründungsmitglied der Trusted IOT Allianz, zu der unter anderem die Unternehmen Bosch, Conensys und Cisco gehören. Im November 2017 wurde die IOTA-Stiftung in Deutschland als gemeinnützige Stiftung anerkannt. Die Stiftung ist die erste gemeinnützige Stiftung in Deutschland, die ausschließlich durch eine Kryptowährung finanziert wird. Ziel der Stiftung ist es, die Entwicklung des IOTA-Ökosystems zu koordinieren und zu fördern. Zur Finanzierung wurden aus der IOTA-Community fünf Prozent aller Token gespendet. Die Gelder werden an Unternehmen verteilt, die auf IOTA basierende Technologien entwickeln.

Homepage: https://iota.org

KuCoin Shares (KCS)

KuCoin ist eine Handelsbörse für Kryptowährungen mit Sitz in Hongkong. KuCoin berechnet eine Gebühr von 0,1 Prozent bei jedem Handel, sowohl vom Käufer als auch vom Verkäufer. 50 Prozent dieser Gebühr werden allerdings als Dividende an Inhaber von KuCoin Shares ausbezahlt. Um den täglichen Bonus zu erhalten, müssen die KuCoin Shares auf der Plattform hinterlegt sein. Nutzer, die eine minimale Anzahl von KuCoin Shares auf ihrem KuCoin-Konto halten, können auch von reduzierten Handelsgebühren profitieren.

KuCoin Shares hat ein Gesamtvolumen von 200 Millionen. Das Initial Coin Offering von KuCoin Shares erfolgte in drei Stufen. Die erste Phase beinhaltete 35 Prozent der insgesamt 200 Millionen KuCoin Shares und war für die Gründer bestimmt. Die zweite Phase mit einem Anteil von 15 Prozent oder 30 Millionen KuCoin Shares war für Berater und frühe Investoren vorgesehen. Die dritte und letzte Phase war offen für alle Investoren und beinhaltete die restlichen 50 Prozent oder 100 Millionen KuCoin Shares. Mindestens zehn Prozent des Nettogewinns der Handelsbörse eines jeden Quartals werden für den Rückkauf von KuCoin Shares verwendet. Die gekauften KuCoin Shares werden umgehend vernichtet. Ziel der Rückkaufaktion ist die Reduzierung der Menge auf 100 Millionen KuCoin Shares.

Homepage: https://www.kucoin.com/#/

Loopring (LRC)

Loopring bietet Händlern, Anwendern und Institutionen ein dezentrales, automatisiertes Handelsausführungssystem, das deren Aufträge intelligent an den weltweiten Kryptowährungsbörsen platziert, sie vor Gegenparteirisiken schützt und ihre Handelskosten senkt. Loopring ermöglicht den Anwendern, alle Einheiten verschiedener Kryptowährungen miteinander zu handeln. Der Loopring-Mechanismus erlaubt es, Aufträge in kleinere Stücke zu zerlegen. Der Algorithmus identifiziert dabei die besten Börsen und Handelszeiten und wendet die Spieltheorie an, um die Handelsergebnisse zu optimieren. Die gehandelten Token bleiben solange auf der eigenen Wallet gespeichert bis der Käufer bzw. Verkäufer ein zufriedenstellendes Ergebnis bekommt. Solange eine Transaktion noch nicht zustande gekommen ist, arbeitet der Loopring-Mechanismus weiter. Die Kryptowährung Loopring wird für die Deckung der Handelsgebühren innerhalb der Plattform verwendet.

Im Rahmen eines Initial Coin Offerings wurden im August 2017 697.538.027 Loopring für 45 Millionen Dollar an Investoren verkauft, während das Entwicklerteam weitere 697.538.027 Loopring behielt, wodurch sich die Gesamtmenge auf insgesamt 1.395.076.054 Loopring beläuft, von denen nur die Hälfte im Umlauf ist. Die zweite Hälfte wird mit einer Rate von 25 Prozent pro Jahr über vier Jahre freigegeben.

Homepage: https://loopring.org

Maker (MKR)

Das Ziel von Maker ist es, als Hedge-Währung für den Kryptowährungshandel zu fungieren und Händlern eine stabile Alternative zu den meisten derzeit auf dem Markt erhältlichen Währungen zu bieten. Auf der Plattform wird mit DAI gehandelt. DAI funktioniert ähnlich wie Tether (S. 216) – beide Währungen werden nicht durch Mining erzeugt, beide sind durch Vermögenswerte abgesichert und beide sind an den Preis des US-Dollar gekoppelt, d. h. ein DAI entspricht einem US-Dollar. Die Währung wird autonom mit Smart Contracts gepflegt, die sich an die

Marktdynamik anpassen und darauf reagieren. Dadurch wird gewährleistet, dass die Währung an den Dollar gebunden bleibt und Händlern Stabilität bietet, unabhängig von der Marktlage. Auf der anderen Seite ist der MKR-Token frei handelbar und schwankt dementsprechend im Preis. MKR werden verwendet, um Gebühren zu bezahlen, die auf Verträge anfallen, die DAI im Maker-System erzeugen. Außerdem werden ausgegebene MKR dauerhaft zerstört. Dadurch wird die MKR-Menge reduziert und der Wert erhöht.

Die Gesamtmenge von Maker wird bei einer Million liegen. Es gab kein offizielles Initial Coin Offering, sondern Maker wurde langsam in den Markt verkauft, zuerst durch Privatverkäufe, dann durch Verkäufe auf der BitShares-Plattform (S. 144), bevor der Maker-Markt auf der eigenen Handelsplattform eröffnet worden ist.

Homepage: https://makerdao.com

Nano (NANO)

Nano hieß ursprünglich Raiblocks und wurde aufgrund des einprägsameren Namens Anfang 2018 umbenannt. Nano wurde im Rahmen eines Initial Coin Offerings im Oktober 2017 von einem elfköpfigen Entwicklerteam veröffentlicht. Dabei wurden 125 Millionen Einheiten ausgegeben. Laut den Entwicklern soll innerhalb eines definierten Zeitraums nach dem Initial Coin Offering das gesamte Token-Volumen von 340 Millionen am Markt gehandelt werden.

Die Kryptowährung will besonders schnelle Transaktionen gewährleisten, bei denen zudem keine Transaktionsgebühren anfallen. Ähnlich wie IOTA (S. 199) oder Ripple (S. 99) sollen die Transaktionen nahezu in Echtzeit abgewickelt werden, wobei die maximale Wartezeit weniger als zehn Sekunden betragen soll.

Außerdem soll Nano unendlich hoch skaliert werden können. Dies wird durch eine neu entwickelte Technologie namens Block-Lattice ermöglicht. Jede Nano-Adresse hat eine eigene Blockchain, die die Transaktionen asynchron abwickelt. Der große Unterschied zur Bitcoin-Blockchain liegt im Inhalt der Blöcke. Während in der Bitcoin-Blockchain mehrere Transaktionen in einem Block zusammengefasst werden, beinhaltet ein Block bei Nano jeweils nur eine Transaktion. Dadurch wird nicht nur die Abwicklungsgeschwindigkeit erhöht, sondern es entfallen auch die Gebühren, da keine Mining-Prozesse notwendig sind.

Homepage: https://nano.org

OmiseGO (OMG)

OmiseGO wurde von dem 2013 in Thailand gegründeten Unternehmen Omise ins Leben gerufen. OmiseGO basiert auf Ethereum (S. 92), wechselte aber Ende 2017 in eine eigene Blockchain.

OmiseGO will die derzeitige Methode des Kaufs und Verkaufs von Kryptowährungen über Handelsbörsen revolutionieren. Durch die Anbindung von bereits vorhandenen Kryptowährungswallets an die zentrale OmiseGO-Blockchain sollen Nutzer schnell und einfach Kryptowährungen austauschen können. Dabei will OmiseGO die gleiche Handelsfunktionalität wie reguläre Börsen bieten, aber alle Transaktionen werden dezentralisiert in der Blockchain gespeichert. So bleiben die Daten sicher, denn es gibt keinen zentralen Server, den ein Hacker angreifen kann. Die meisten Börsen ermöglichen ihren Nutzern, Fiat-Geld in Kryptowährungen zu tauschen. Dieser Weg kann zu höheren Gebühren führen, wenn bestimmte Währungspaare an einer Börse nicht handelbar sind. Dann muss erst durch verschiedene Zwischenstufen ein passendes Handelspaar gekauft werden. OmiseGO umgeht den Prozess durch einen direkten Tausch des Währungspaares mit einer einzigen Gebühr.

OmiseGO wurde im Rahmen eines Initial Coin Offerings Mitte 2017 veröffentlicht. Dabei wurden 65,1 Prozent der Gesamtmenge von 140.245.398 OmiseGO an Investoren verkauft, 20 Prozent wurden als Reserve einbehalten und 9,9 Prozent flossen an das Entwicklerteam. Fünf Prozent der OmiseGo-Menge wurden als Marketingmaßnahme an die Besitzer von Ethereum verteilt.

Homepage: https://omisego.network

Particl (PART)

Particl ist der Nachfolger von ShadowProject, ein auf den Schutz der Privatsphäre fokussiertes Kryptowährungsprojekt, das im August 2014 veröffentlicht worden ist. Auch bei Particl liegt der Schwerpunkt im Bereich der Wahrung der Privatsphäre. Particl will ein hybrides Ökosystem aufbauen, das einen dezentralisierten, anonymen Marktplatz sowie eine Reihe von Anwendungen bietet. Das System wird von der Particl-Stiftung betrieben, die in der Schweiz registriert ist. Im Rahmen eines Initial Coin Offerings wurden im Juli 2017 82,5 Prozent der Gesamtmenge von 8.634.140 Particl Investoren zum Kauf angeboten. Die Stiftung behält sechs Prozent der Gesamtmenge und weitere 11,5 Prozent sind für eine zweite Investitionsrunde bestimmt. Die Einnahmen aus dem ICO sollen für die Bezahlung der Stiftungsmitarbeiter, Rechts- und Beratungskosten sowie für Marketingmaßnahmen verwendet werden.

Homepage: https://particl.io

Polybius (PLBT)

Das Ziel von Polybius, das von der in Estland ansässigen Polybius-Stiftung betreut wird, ist die Schaffung der ersten voll funktionsfähigen digitalen Kryptowährungsbank mit einem mit einer normalen Bank vergleichbaren Angebotsspektrum. In einer zweiten Stufe, nach Gründung der Bank, wird Polybius einen Digital Pass anbieten, der als dezentraler Aufbewahrungsort private Informationen des Nutzers speichert, angefangen bei seiner Kredithistorie bis hin zu seiner Krankenakte. Zu diesem Zweck kombiniert Polybius Elemente des Online-Bankings, des Internet der Dinge, Big Data und blockchainbasierten Technologien.

Im Rahmen eines Initial Coin Offerings wurden im Sommer 2017 3.650.521 Polybius an Investoren verkauft. Die Stiftung garantiert allen Eigentümern von Polybius am Ende eines jeden Jahres eine Ausschüttung der Gewinne aus Transaktionen in der Kryptowährung in Höhe von 20 Prozent.

Homepage: https://polybius.io

Populous (PPT)

Populous basiert auf der Plattform von Ethereum (S. 92) und wurde von dem gleichnamigen britischen Unternehmen entwickelt. Der Fokus liegt auf Factoring und damit auf der Unternehmensfinanzierung. Beim Factoring werden Forderungen eines Unternehmens in Form von Rechnungen verkauft, um direkt Zahlungseingänge, auch bei erst späterer Forderungsfälligkeit, zu realisieren und das Ausfallrisiko auf einen Dritten abzuwälzen. Käufer sind meist spezialisierte Unternehmen, die die Forderungen zu einem geringeren Wert aufkaufen und dann die vollständige Zahlung vom Schuldner verlangen.

Die Populous-Plattform basiert auf der Verwendung von Token, den sogenannten Pokens, die 1:1 mit Fiat-Währungen auf der ganzen Welt verbunden sind. Der Wert von Pokens wird von Investoren unterstützt, die auf der Plattform Geld einzahlen, um Rechnungen zu finanzieren. Unternehmen und Selbstständige können ihre Rechnungen für Pokens verkaufen und diese dann gegen Fiat-Währungen einlösen. Der Vorteil im Vergleich zu traditionellen Plattformen liegt in den niedrigen Transaktionsgebühren und der schnelleren Bearbeitung durch die Blockchain-Technologie.

Die Basiswährung für das Poken ist eine vorgegebene nationale Fiat-Währung, die je nach Herkunft der Vertragspartner variiert. Alle Pokens sind zunächst an das Britische Pfund (GBP) gebunden. Teilnehmer können ihre GBP-Pokens innerhalb der Plattform in Pokens anderer Fiat-Währungen umwandeln. Zum Beispiel kann der Nutzer seine Pfund-Pokens in Dollar-Pokens umwandeln, basierend auf dem aktuellen Umrechnungskurs der Londoner Börse. Einzahlungen können in Bitcoin vorgenommen werden, die nach dem BTC/USD-Wechselkurs zum Zeitpunkt der Einzahlung in Pokens umgetauscht werden. Bei der Auszahlung können Pokens gegen jede gängige Fiat-Währung oder etablierte Kryptowährungen eingetauscht werden.

Das im Juli 2017 ursprünglich auf einen Monat angesetzte Initial Coin Offering wurde schon nach zwei Tagen aufgrund des großen Interesses wieder geschlossen und 37 Millionen Populous wurden am Markt platziert. Die Gesamtmenge wird bei 53 Millionen Populous liegen.

Homepage: http://populous.co

Primalbase Token (PBT)

Primalbase ist ein auf der Blockchain basierendes System, das es ermöglicht, Büroräume gemeinsam zu nutzen und zu vermieten. Grundsätzlich besteht Primalbase aus zwei Komponenten, den Coworking-Büros und den Mietbüros. Die Coworking-Büros sind für Primalbase-Mitglieder sowie für Vermieter, Mieter und Meinungsbildner reserviert, die in Zukunft zur Entwicklung des Primalbase-Projekts beitragen könnten. Vermietbare Büroräume stehen dagegen der Öffentlichkeit zur Verfügung, die sich aus Projektteams, Unternehmen und Startups zusammensetzt. Primalbase erwirtschaftet Gewinne durch Mieteinnahmen der vermieteten Büros und verwendet die Mittel zur Deckung der Betriebskosten sowie zur Anmietung weiterer Büros. Nachdem in Amsterdam und Berlin bereits Büroräume von Primalbase vermietet werden, sollen auch Vermietungen in London, New York und Singapur erfolgen.

Im Rahmen eines Initial Coin Offerings wurden im Juni 2017 1.000 Primalbase Token an Investoren verkauft. 250 Primalbase Token sind für die Vergütung des Managements und für Marketingmaßnahmen reserviert. Ein Token erlaubt einer Person vollen Zugriff auf die Coworking-Büros an jedem beliebigen Primalbase-Standort.

Homepage: https://primalbase.com

Qtum (QTUM)

Qtum wurde von der in Singapur ansässigen Qtum-Stiftung entwickelt und im Rahmen eines Initial Coin Offerings Anfang 2017 veröffentlicht. Die Qtum-Blockchain richtet sich primär an kommerzielle Anwender. Die Plattform soll in den Bereichen Telekommunikation, Produktion, Logistik und Finanzen angewendet werden. Qtum versteht sich selbst als hybride Blockchain-Anwendungsplattform, denn es sollen Elemente der Bitcoin-Blockchain mit der Ethereum-Blockchain und einem Proof-of-Stake-System kombiniert werden. Hierfür nutzt Qtum ein System namens Account Abstraction Layer. Abstraction-Layer-Systeme verbergen Accountdetails, um einer Inkompatibilität vorzubeugen.

Die Qtum-Blockchain ist mit bestehenden Ethereum-Verträgen und Bitcoin-Gateways kompatibel. Deshalb kann Qtum eine Verbindung zwischen den jeweiligen Transaktionssystemen herstellen und sie untereinander kompatibel machen.

Es wird maximal 100 Millionen Qtum geben. Davon wurden 51 Prozent über ein Initial Coin Offering im März 2017 an Investoren verkauft. Die dabei eingenommenen Gelder werden die Aktivitäten der Qtum-Stiftung, wie z. B. die weitere Entwicklung, die Verwaltung und das Marketing, in den kommenden Jahren finanzieren. Von den restlichen 49 Millionen Qtum werden 29 Millionen für Initiativen in den Bereichen Geschäftsentwicklung, Forschung, Bildung und Markterweiterung verwendet. Die restlichen 20 Millionen werden an die Gründer, frühe Unterstützer und das Entwicklerteam verteilt.

Homepage: https://qtum.org

Raiden Network Token (RDN)

Raiden ist ein Zahlungsnetzwerk, das auf Ethereum (S. 92) basiert und von der in Deutschland ansässigen brainbot technologies AG betreut wird. Das Ziel des Raiden-Projekts ist es, ein einfach zu bedienendes Tool für Off-Chain-Zahlungen, d. h. nicht auf der Ethereum-Blockchain basierend, bereitzustellen, ohne dass die beteiligten Parteien einander vertrauen müssen. Dies geschieht dadurch, dass Transaktionen auf der Blockchain nur während der finalen Abrechnung und nicht bei jeder einzelnen Transaktion zwischen den beiden Parteien übertragen werden. Durch die Verwendung von Off-Chain-Zahlungskanälen anstelle der Abrechnung über die Blockchain für jede Transaktion können die Parteien in einem Kanal fast sofort Guthaben transferieren und zwar in großem Umfang und gebührenfrei. Dies funktioniert solange, bis die Parteien entscheiden, den Kanal zu schließen und den Nettobetrag auf der Ethereum-Blockchain begleichen. Da nur die beiden Teilnehmer Zugriff auf das Guthaben im Smart Contract des Zahlungskanals haben, sind die Übertragungen unempfindlich gegen doppelte Ausgaben und damit so sicher wie Transaktionen in der Blockchain.

Es gibt zwei Arten von Gebühren im Raiden-Netzwerk – Gebühren auf Protokollebene und Peripheriegebühren. Die Gebühren auf Protokollebene sind notwendig, um das Zahlungskanalnetz im Gleichgewicht zu halten. Diese Gebühren sind vergleichsweise gering. Für Dienste im Netzwerk, die z. B. helfen, einen Weg mit ausreichender Kapazität zu finden, oder Leistungen, die Kanalüberwachungsdienste für Offline-Nutzer bereitstellen, werden Peripheriegebühren erhoben. Nutzer, die diese Dienste selbst betreiben, müssen diese Gebühren nicht bezahlen, sondern können sie stattdessen verdienen. Peripheriegebühren werden in Raiden Network Token bezahlt.

Im Rahmen eines Initial Coin Offerings im Oktober 2017 wurden 50 Prozent der Gesamtmenge von 100 Millionen Raiden Network Token an Investoren verkauft. Die restlichen 50 Millionen Raiden Network Token werden zu 34 Prozent von den Entwicklern und zu 16 Prozent von externen Fonds gehalten.

Homepage: https://raiden.network

SALT (SALT)

SALT ist eine Abkürzung für *Secured Automated Lending Technology* (dt. sichere automatisierte Kreditvergabetechnologie). Es handelt sich um ein Leih- und Kreditnetzwerk, das von der SALT Lending Holdings Inc. mit Sitz in Denver, Colorado, betrieben wird und es ermöglicht, Blockchain-Guthaben wie Bitcoin zur Erlangung von Krediten in Fiat-Währung zu nutzen. Da die Kryptowährung des Kreditnehmers als Sicherheit verwendet wird, ist keine Bonitätsprüfung erforderlich. Auf der Plattform können, je nach Verifizierungsstufe, Kredite zwischen 10.000

und einer Million Dollar ausgewählt werden. Die Kredite werden von vorab durch SALT akkreditierten Investoren und Finanzinstitutionen vergeben.

Es werden Smart Contracts verwendet, um die Kreditbedingungen automatisch festzulegen und auszuführen. Der gesamte Prozess ist automatisiert. Wenn der Kreditnehmer eine Tilgungsrate verpasst, verkauft der von SALT verwaltete Smart Contract automatisch einen Teil der als Sicherheit hinterlegten Kryptowährung, um die Zahlung und alle damit verbundenen Gebühren zu decken. Dies geschieht solange, bis das Darlehen vollständig getilgt ist. Dadurch haben Kreditgeber die Sicherheit, dass sie ihr Geld zurückerhalten, auch wenn der Kreditnehmer Tilgungsraten verpasst oder komplett ausfällt. Kreditnehmer wissen dadurch, dass sie ihre Kryptowährung zurückbekommen, wenn sie pünktlich zahlen und das Darlehen tilgen.

SALT basiert auf einer Mitgliedschaft, die mit den SALT-Token bezahlt wird. Das Minimum für eine Basis-Mitgliedschaft beträgt ein SALT pro Jahr. Eine Premium-Mitgliedschaft mit höheren Kreditlimits kostet 30 SALT pro Jahr. Für Firmen gibt es spezielle Konditionen. Es gibt eine Gesamtmenge von insgesamt 120 Millionen SALT. Davon wurden 45 Prozent im Rahmen eines Initial Coin Offerings im August 2017 im Markt platziert. Seitdem können SALT an Kryptowährungsbörsen gehandelt werden. Es ist auch möglich, SALT direkt auf der Plattform zu einem festen Preis von 27,50 Dollar pro Stück zu kaufen.

Homepage: https://www.saltlending.com

Salt Coin (SCOIN)

Salt Coin (engl. *salt* = Salz) ist eine Kryptowährung, die auf echtem Salzabbau basiert. Mit der Salt Coin soll der Ausbau des Belbazhskoye-Salzdepots in Russland vorangetrieben werden. Die Steinsalzlagerstätte Belbazhskoye ist eine der größten Lagerstätten Europas. Aus dem abgebauten Salz sollen Speisesalz sowie Chlor und Natronlauge gewonnen werden. Im Rahmen eines Initial Coin Offerings wurden im Dezember 2017 insgesamt 120 Millionen Salt Coin ausgeben, die Anteilsscheine an der Salzmine repräsentieren.

Homepage: http://saltcoin.io

Santiment Network Token (SAN)

Santiment will Investoren im Kryptomarkt helfen, fundierte Entscheidungen zu treffen, indem es Finanzinformationen und Einblicke in die Stimmungslagen anderer Investoren liefert. Es bietet Inhalte zu den Marktstimmungen sowie eine regelmäßig aktualisierte Datenbank mit Kryptowährungsprojekten. Langfristiges Ziel ist es, eine umfassende Marktdateninfrastruktur für Kryptowährungen und die Blockchain-Ökonomie zu schaffen.

Der Santiment Network Token dient dabei als Währung auf der Santiment Plattform. Die Token können durch die Bereitstellung von Informationen verdient oder für den Zugriff auf diese Informationen ausgegeben werden. Händler sollen das Santiment Trading Tool nutzen und werden für Aktionen belohnt, die Informationen über den Kryptomarkt liefern. Diese Informationen können mit Santiment Network Token erworben werden.

83.337.000 Santiment Network Token wurden von der Santiment LLC, einem in der Schweiz ansässigen Unternehmen, im Februar 2017 bei einem Initial Coin Offering an Investoren verkauft.

Homepage: https://santiment.net

Status (SNT)

Status möchte die Akzeptanz von Ethereum (S. 92) fördern, indem es eine benutzerfreundliche Plattform bietet, auf der die Anwender verschiedene Funktionen und Anwendungen vorfinden. Die Kryptowährung wird von einem in der Schweiz ansässigen Unternehmen betreut. Status ist eine Open-Source-Messaging-Plattform und gleichzeitig ein mobiler Browser, der es Nutzern ermöglicht, mit dezentralen Anwendungen im Ethereum-Netzwerk zu interagieren. Dadurch können Status-Nutzer über Smart-Contracts eigene Apps im Ethereum-Netzwerk entwerfen.

41 Prozent der Gesamtmenge von 6.804.870.174 Status wurden im Rahmen eines Initial Coin Offerings im Juni 2017 an Investoren verkauft. 30 Prozent flossen an das Entwicklerteam sowie frühe Unterstützer und 29 Prozent werden als Reserve für die weitere Entwicklung gehalten.

Homepage: https://status.im

Stellar (XLM)

Stellar basiert auf der Software von Ripple (S. 99), hat sich aber im April 2015 mit einer eigenen Entwicklung davon abgespalten. Die Kryptowährung verfügt über eine Gesamtmenge von 100 Milliarden, die bereits generiert worden sind. Fünf Prozent der Menge werden für den Erhalt des Systems genutzt, während der Rest in verschiedenen Runden unter die Anwender verteilt werden soll. Voraussetzung für die Teilnahme ist eine Registrierung auf der Projekthomepage.

Stellar bietet neben der eigentlichen Kryptowährung auch ein Netzwerk für den Austausch von Fiat-Währungen. Dabei fungiert Stellar als Transfermedium zwischen den Währungspaaren und ermöglicht einen Tausch zu geringen Gebühren. Für jede im Netzwerk vorgenommene Transaktion wird eine Gebühr von 0,0001 Stellar berechnet.

Mehrere gemeinnützige Organisationen und Unternehmen, insbesondere in den Entwicklungsländern, setzen Stellar für Finanztransaktionen ein. Im Dezember 2016 wurden weitere Partnerschaften angekündigt, unter anderem auf den Philippinen, in Indien und Westafrika. Im Oktober 2017 gründeten Stellar und IBM eine Partnerschaft, um die Geschwindigkeit des globalen Zahlungsverkehrs zu erhöhen. Außerdem wurde eine Partnerschaft mit Bluepan eingegangen, einem Zahlungsdienstleister, der die Blockchain-Technologie nutzt, um internationale Überweisungen abzuwickeln. Zukünftig will Stellar auch eine Plattform für die Abwicklung von Initial Coin Offerings anbieten.

Homepage: https://stellar.org

SunContract (SNC)

SunContract will eine Blockchain-Plattform schaffen, auf der Strom gehandelt werden kann. Dazu soll die Plattform unabhängige Stromerzeuger und -verbraucher zusammenbringen. Diese beiden Parteien verbinden sich über die App SunContract mit der dezentralen Energiemarktplattform, die als Zwischenhändler fungiert. Das senkt die Kosten und verbindet die Verbraucher direkt mit den Produzenten. Um Energie zu handeln, müssen die Nutzer SunContract verwenden.

Zur Finanzierung des Projektes wurden insgesamt 122.707.503 SunContract geschaffen und im Rahmen eines Initial Coin Offerings von Juni bis August 2017 an Investoren verkauft. Seitdem können SunContract an verschiedenen Kryptowährungsbörsen gehandelt werden.

Homepage: https://suncontract.org

Tether (USDT)

Die Kryptowährung Tether wird seit November 2015 von dem in Hongkong ansässigen Unternehmen Tether Limited herausgegeben. Laut Unternehmensaussage wird jede Einheit Tether durch einen US-Dollar gedeckt, der von der Firma als Reserve gehalten wird. Deshalb ist Tether, ähnlich wie Maker (S. 202), im Verhältnis 1:1 an den US-Dollar gebunden. Primäres Ziel von Tether ist es, Transaktionen mit einem auf den US-Dollar fixierten Kurs zu erleichtern, um staatliche Eingriffe und Regulierungsbehörden zu umgehen. Tether basierte ursprünglich auf der Bitcoin-Blockchain, wurde aber im Juni 2017 in die Litecoin-Blockchain umgezogen. Tether steht aufgrund von Doppelfunktionen des

Führungspersonals in enger Verbindung mit der Handelsbörse Bitfinex (S. 58).

Im November 2017 wurden etwa 31 Millionen Tether durch einen Hackerangriff gestohlen. Als Reaktion auf den Diebstahl setzte Tether den Handel aus, um Sicherheitsupdates durchzuführen. Zudem sollen alle gestohlenen Tether als nicht mehr gültig markiert werden. Im Dezember 2017 begann Tether mit der Abwicklung der bis dahin aufgelaufenen Transaktionen.

Homepage: https://tether.to

TRON (TRX)

TRON will ein weltweites Entertainmentsystem mit kostenlosen Inhalten aufbauen. TRON erlaubt es jedem Nutzer, Daten in der Blockchain frei zu veröffentlichen, zu speichern und zu besitzen. Medienschaffende können dadurch digitale Inhalte publizieren, verteilen und verwalten. Das langfristige Ziel ist die Schaffung eines dezentralen Content-Entertainment-Ökosystems. Das Projekt wurde Mitte 2017 im Rahmen zweier Initial Coin Offerings, die innerhalb weniger Sekunden ausverkauft waren, veröffentlicht. TRON wird von einer gleichnamigen, gemeinnützigen Stiftung mit Sitz in Singapur betreut. Die Gesamtmenge liegt bei 100 Milliarden.

Homepage: https://tronlab.com

VeChain (VEN)

VeChain ist eine blockchainbasierte Plattform, die Prozessabläufe im Supply Chain Management verbessern will. Durch den Einsatz der Blockchain-Technologie bietet VeChain Einzelhändlern und Verbrauchern die Möglichkeit, die Qualität und Authentizität der gekauften Produkte zu überprüfen. Von den Ausgangsmaterialien der Produkte über die Wartungshistorie bis hin zu Ersatzteilen kann jede einzelne Information über die Lieferkette eines Produkts aufgezeichnet und verifiziert werden.

VeChain ermöglicht Herstellern, Produkte mit eindeutigen Identitäten zu versehen. Auf diese Weise können Hersteller, Lieferanten und Verbraucher die Bewegung der Produkte durch die Lieferkette verfolgen. VeChain nutzt die VeChain Identity (VID), um ein Produkt zu markieren und zu verfolgen. VID werden mit Hilfe einer SHA256-Hash-Funktion generiert, die einen zufälligen Hash-Wert erzeugt, der einer VID entspricht. Diese VID kann dann in einen NFC-Tag, einen QR-Code oder einen RFID-Tag geschrieben werden, der für jedes Produkt verwendet werden kann. Diese Methode ermöglicht es, das gekennzeichnete Produkt und alle dazugehörigen Informationen, wie beispielsweise die Supply-Chain-Aktivitäten des Produkts, aus der realen Geschäftswelt in die Plattform zu übertragen.

Die Sicherheit auf der Plattform wird durch den Einsatz von Nodes gewährleistet. Diese Netzwerkknoten können von Unternehmen und Organisationen kontrolliert werden, die direkt am Ökosystem beteiligt sind. Nodes können Dienste wie Qualitätskontrolle und Wallet-Dienste anbieten und als privater Schlüsselverwaltungsdienstleister fungieren. Auf der Plattform werden VEN-Token eingesetzt. Die Token werden zur Abwicklung der

Smart Contracts benötigt. Darüber hinaus werden VEN auch als Anreizmechanismus eingesetzt, indem sie an Nodes vergeben werden, die durch ihren Betrieb das VeChain-System aufrechterhalten.

Die VeChain-Stiftung ist verantwortlich für den Aufbau des Netzwerks sowie für die technologische Forschung und Entwicklung. Die Stiftung fördert und unterstützt Partnerschaften mit Unternehmen, die an der Nutzung der Blockchain-Technologie interessiert sind.

Im Rahmen eines Initial Coin Offerings wurden im August 2017 41 Prozent der gesamten VEN-Menge von 867 Millionen an Investoren verkauft, wobei die Gewinne dem Betrieb der VeChain-Stiftung zugutekommen. Weitere 23 Prozent der Token sind für Unternehmensinvestoren bestimmt. Zwölf Prozent dienen der Finanzierung des Systembetriebs sowie der technologischen Entwicklung. Neun Prozent gehen an Privatinvestoren, zehn Prozent dienen Geschäftsimplementierungen und die restlichen fünf Prozent fließen an das Entwicklerteam und die Gründer.

Homepage: https://www.vechain.com/#/

Veritaseum (VERI)

Veritaseum ist der Name eines Unternehmens, das eine Kryptowährung namens Veritas herausgegeben hat. Veritaseum bietet ein vertragsbasiertes Wallet, das derzeit mit der Bitcoin-Blockchain interagiert und auch mit Ethereum kompatibel gemacht werden soll. Veritaseum nutzt Smart Contracts und Blockchain-Technologie, um Einzelpersonen und Unternehmen in die Lage zu versetzen, direkt miteinander auf Peer-to-Peer-Basis auf dem Kapitalmarkt zu handeln. Das Guthaben aus dem Handel wird dabei auf die Blockchain übertragen wird. Obwohl diese Funktionalität den meisten Broker-Dienstleistungen ähnelt, stellt sich Veritaseum nicht als Broker, Fonds, Bank oder Börse dar. Stattdessen will die Plattform diese Dienstleister überflüssig machen, indem die Teilnehmer am Kapitalmarkt direkt miteinander in Verbindung gebracht werden. Die Gesamtmenge wird bei 100 Millionen Veritaseum liegen. Davon wurden zwei Millionen Veritaseum im Rahmen eines Initial Coin Offerings im April und Mai 2017 an Investoren verkauft.

Homepage: http://veritas.veritaseum.com

YOYOW (YOYOW)

YOYOW ist eine Abkürzung für *You Own Your Own Words* (dt. Sie besitzen ihre eigenen Worte). Die Kryptowährung richtet sich an Autoren und andere Medienschaffende. Laut dem in China beheimateten Projektteam haben Autoren von Inhalten aller Medien oft Schwierigkeiten, ihre Projekte dauerhaft zu finanzieren. Dies liegt vor allem daran, dass sie sich auf schwankende Monetarisierungsmethoden durch Werbeeinnahmen verlassen müssen. YOYOW will dies ändern, indem es eine dezentrale Social-Media-Plattform zur Verfügung stellt, auf der Inhaltsersteller und -nutzer interagieren und für ihre Arbeit belohnt werden können. Mit Hilfe von YOYOW sollen die Ersteller von Inhalten bezahlt werden, aber auch Nutzer, die Inhalte bewerten. Dadurch können Autoren populärer Posts, die in vielen sozialen Netzwerken durch eine hohe Wiederverbreitungsrate nur der

Betreiberfirma aber nicht dem Autor dienen, im YOYOW-Netzwerk direkt an ihrer Arbeit verdienen.

Es gibt insgesamt eine Milliarde YOYOW, die bereits vollständig erzeugt sind. 300 Millionen davon wurden im Rahmen eines Initial Coin Offerings im Mai 2017 an Investoren verkauft.

Homepage: https://yoyow.org

Die Zukunft der Kryptowährungen

Es ist erstaunlich, welche Entwicklung die Kryptowährungen seit der Einführung von Bitcoin im Jahr 2009 genommen haben. Bitcoin hat die Entwicklung aller anderen Währungen maßgeblich beeinflusst, da sie alle entweder vom Konzept der von Satoshi Nakamoto entwickelten Währung profitieren oder direkt den Quellcode der Software nutzen. Viele der Kryptowährungen sind lediglich Kopien, die bestimmte Variablen wie die Gesamtmenge oder die Transaktionsgeschwindigkeit verändern. Einige Kryptowährungen bieten aber auch Innovationen, wie beispielsweise die Einführung von Smart Contracts oder die besondere Wahrung der Anonymität der Anwender.

Trotz der Vielfalt an Kryptowährungen ist Bitcoin die dominierende Währung. Am Kurs von Bitcoin orientieren sich die Kurse der anderen Währungen und Bitcoin zieht auch die meiste mediale Aufmerksamkeit auf sich.

Eine Innovation, die von Bitcoin eingeführt worden ist und die auch alle anderen Kryptowährungen aufgreifen, ist die Steuerung des Geldsystems durch einen Algorithmus. Die Parameter der Geldschöpfung sind vorab definiert und können nicht durch kurzfristige politische Motive geändert werden. Da alle Kryptowährungen auf das Internet setzen, ist zudem eine globale Verbreitung mit geringen Kosten möglich.

Die dezentralen Kryptowährungen legen die Verantwortung in die Hände der Nutzer. Sie müssen sich selbst um die richtigen Angaben bei den Transaktionen kümmern und sie müssen auch für die Sicherheit ihrer Daten sorgen. Ebenso sind sie für die

Unterstützung und Pflege des Systems verantwortlich. Dies ist ein nicht zu unterschätzender Faktor, denn ohne Unterstützung findet ein Kryptowährungssystem keine neuen Nutzer. Eine wachsende Anzahl von Teilnehmern ist von großer Bedeutung, denn der entscheidende Faktor ist die Akzeptanz einer Kryptowährung, sowohl on- als auch offline. Erst wenn nicht nur in Webshops, sondern auch im Einzelhandel vor Ort mit einer Kryptowährung bezahlt werden kann, sind die Akzeptanz und Stabilität gegeben, die eine digitale Währung braucht, um alle Funktionen des Geldes zu erfüllen.

Kryptowährungen stellen eine Kombination moderner Technologie mit dem Finanzwesen dar. Es ist deshalb schwierig, eine Prognose für Bitcoin und die anderen Währungen abzugeben, da sie Elemente zweier unterschiedlicher Sektoren verbinden. Die Kryptowährungen können mit ihren technologischen Innovationen das Finanzwesen so beeinflussen, wie es zuletzt mit der Verbreitung des Internets geschah. Sie können aber auch eine kurzfristige Modeerscheinung sein. Es ist zweifelhaft, ob sich all die Kryptowährung durchsetzen und sich ausreichend Nutzer für eine breite Akzeptanz finden werden. Viele Währungen werden wieder verschwinden und nicht einmal der Erfolg von Bitcoin ist garantiert. Schon morgen kann eine neue Kryptowährung veröffentlicht werden, die einen entscheidenden Vorteil gegenüber Bitcoin aufweist und sich deshalb gegenüber den Konkurrenzwährungen durchsetzen kann.

Glossar

ASIC (Application Specific Integrated Circuit)

Ein Chip, der für einen bestimmten Zweck maßgeschneidert ist und nicht für den allgemeinen Gebrauch bestimmt ist. Beim Mining von Kryptowährungen waren ASIC ein wichtiger Entwicklungsschritt.

Algorithmus

Eindeutige Handlungsvorschrift zur Lösung eines Problems. Ein Algorithmus besteht aus endlich vielen Einzelschritten mit Handlungsanweisungen. Dadurch kann er in ein Computerprogramm implementiert werden. Bei der Problemlösung wird eine bestimmte Eingabe in eine bestimmte Ausgabe überführt.

Blockchain (dt. Blockkette)

Eine erweiterbare Liste von Datensätzen, genannt Blöcke, welche mittels kryptografischer Verfahren miteinander verbunden sind. Jeder Block enthält dabei einen kryptografisch sicheren Hashwert des vorhergehenden Blocks, einen Zeitstempel und Transaktionsdaten.

CPU (Central Processor Unit)

Hauptprozessor, zentrale Steuerungs- und Recheneinheit eines Computers.

Fork (dt. Gabel)

Aufspaltung einer Kryptowährung in zwei oder mehrere Folgeprojekte durch Modifizierung der Blockchain. Die Quelltexte der Software werden unabhängig voneinander weiterentwickelt.

GPU (Graphics Processor Unit)

Prozessorchip auf der Grafikkarte, der rechenintensive Aufgaben der 2D- und 3D-Computergrafik übernimmt.

ICO (Initial Coin Offering)

Unregulierte Methode der Gruppenfinanzierung, bei der eine bestimmte Menge einer neuen Kryptowährung an Anleger verkauft wird.

Mining (dt. Bergbau)

Prozess, bei dem von Personen (= Miner) Rechenleistung zur Transaktionsverarbeitung, Absicherung und Synchronisierung eines Kryptowährungsnetzwerkes zur Verfügung gestellt wird.

Minting (dt. Prägen)

Prozess, bei dem Guthaben einer Kryptowährung anstatt Rechenleistung zur Transaktionsverarbeitung, Absicherung und Synchronisierung eines Kryptowährungsnetzwerkes zur Verfügung gestellt wird.

Node (dt. Datenknoten)

Zentraler Kommunikationsknotenpunkt eines Kryptowährungsnetzwerkes. Er übernimmt Aufgaben der Transaktionenüberprüfung und -verarbeitung.

Peer-to-Peer (P2P)

Kommunikation unter gleichen Teilnehmern innerhalb eines Rechnernetzwerkes (engl. *peer* = Ebenbürtiger).

Proof-of-Activity (dt. Aktivitätsbeweis)

Kombination des Proof-of-Work mit dem Proof-of-Stake. Zuerst wird durch den Proof-of-Work ein Block bestätigt und an das Netzwerk der jeweiligen Kryptowährung gesendet. Er gilt aber erst dann als vollständig verifiziert, wenn er durch Nutzer mit Hilfe des Proof-of-Stake bestätigt worden ist.

Proof-of-Capacity (dt. Kapazitätsbeweis)

Der Anteil der Kapazität in Form von Festplattenspeicher, die Nutzer zur Verfügung stellen, ist Basis der Wahrscheinlichkeit, einen Block in einer Kryptowährung erfolgreich zu bestätigen.

Proof-of-Importance (dt. Beweis der Bedeutung)

Im Gegensatz zur reinen Rechenleistung des Proof-of-Work setzt der Proof-of-Importance auf den Nachweis der Menge und des Alters einer Kryptowährung in einer Wallet. In die Wahrscheinlichkeitsberechnung zur Bestimmung der Blockgenerierung fließen neben der gehaltenen Menge auch die Nettotransfers ein, wobei neuere Transaktionen stärker gewichtet werden.

Proof-of-Stake (dt. Beteiligungsbeweis)

Im Gegensatz zur reinen Rechenleistung des Proof-of-Work setzt der Proof-of-Stake auf den Nachweis der Menge und des Alters einer Kryptowährung in einer Wallet. Der Anteil des Guthabens an der Gesamtmenge im Netzwerk ist Basis der Wahrscheinlichkeit, einen Block erfolgreich zu bestätigen.

Proof-of-Work (dt. Arbeitsbeweis)

Die Lösung einer Rechenaufgabe durch den Nutzer bzw. dessen Computer. Der Anteil der Rechenkapazität im gesamten Netzwerk ist Basis der Wahrscheinlichkeit, einen Block erfolgreich zu bestätigen.

Smart Contract (dt. intelligenter Vertrag)

Computerprotokolle, die Verträge abbilden oder überprüfen, oft in Form einer „Wenn, dann"-Bedingung. Eine schriftliche Fixierung des Vertrages wird damit unter Umständen überflüssig.

Token

Repräsentieren Unternehmensanteile, Stimmrechte oder Anteilsrechte in einem Kryptowährungsprojekt.

Wallet

Aufbewahrungsort für digitale Währungen in Form einer Software; dient auch zum Senden und Empfangen von Transaktionen.

Nützliche Links

https://www.bitcoinblockhalf.com

Countdown bis zur nächsten Halbierung der Bitcoinaus-
schüttungen pro Block. Auf Englisch.

https://bitcointalk.org

Zentrales Forum der Kryptowährungsnutzer. Hauptsächlich
auf Englisch, mit deutscher Untersektion:
https://bitcointalk.org/index.php?board=16.0

https://bitscreener.com

Englischsprachige Website mit umfangreichen Chartdarstel-
lungen von Kryptowährungen.

http://www.coindesk.com

Englischsprachige Website mit aktuellen Nachrichten über
Kryptowährungen.

http://coinmarketcap.com

Englischsprachige Übersichtsseite, die die Kursentwicklung
und Markkapitalisierung vieler Kryptowährungen anzeigt.

https://coin360.io

Grafische Übersicht des gesamten Kryptowährungsmarktes
inklusive aktueller Kursentwicklungen.

http://www.coinwarz.com

Aktueller Vergleich, welche Kryptowährungen derzeit die
höchsten Profite beim Mining erzielen. Auf Englisch.

http://www.cryptocoincharts.info

Übersicht über die Kurse aller Kryptowährungen im Tausch
gegeneinander. Auf Englisch.

http://www.cryptocoinsnews.com

Seite mit aktuellen englischsprachigen Nachrichten rund um die Kryptowährungen.

https://icorating.com

Englischsprachige Übersicht über aktuelle Initial Coin Offerings mit Risikoeinschätzung.

http://mapofcoins.com

Grafische Darstellung der Kryptowährungen und ihrer Entwicklungsgeschichte. Auf Englisch.

https://masternodes.online

Englischsprachiges Verzeichnis von Nodes inklusive Berechnung der Kosten zum Erwerb des notwendigen Guthabens und der Verzinsung.

Literaturverzeichnis

ANTONOPOULOS, Andreas M. (2017): Mastering Bitcoin: Programming the Open Blockchain. Sebastopol.

BURNISKE, Chris; TATAR, Jack (2017): Cryptoassets. The Innovative Investor's Guide to Bitcoin and Beyond. New York.

GISCHER, Horst; HERZ, Bernhard; MENKHOFF, Lukas (2012): Geld, Kredit und Banken. Eine Einführung. Heidelberg.

HAYEK, Friedrich A. (1976): Denationalisation of Money: The Argument Refined. An Analysis of the Theory and Practice of Concurrent Currencies Series. London.

KERSCHER, Daniel (2014): Bitcoin: Funktionsweise, Risiken und Chancen der digitalen Währung, Dingolfing.

KRAUSS, Jon T. (2014): Introduction to Cryptocurrencies. Mining Bitcoin & Beyond. (E-Book).

KOKKOLA, Tom (2010): The Payment System. Payments, Securities and Derivates, and the Role of the Eurosystem. Frankfurt am Main.

MISHKIN, Frederic S. (2004): The Economics of Money, Banking, and Financial Markets. Boston.

NAKAMOTO, Satoshi (2009): Bitcoin. A Peer-to-Peer Electronic Cash System. Abrufbar unter: https://bitcoin.org/bitcoin.pdf.

NARAYANAN, Arvind; et al. (2016): Bitcoin and Cryptocurrency Technologies. A Comprehensive Introduction. New Jersey.

NEUMANN, Heike B.; SCHWARZPAUL, Thomas (2010): Kryptografie in Theorie und Praxis. Wiesbaden.

PALLAS, Carsten (2005): Ludwig von Mises als Pionier der modernen Geld- und Konjunkturlehre. Eine Studie zu den monetären Grundlagen der Austrian Economics. Marburg.

POLLEIT, Thorsten; PROLLIUS, Michael von (2011): Geldreform. Vom schlechten Staatsgeld zum guten Marktgeld. Grevenbroich.

VIGNA, Paul; CASEY, Michael J. (2016): The Age of Cryptocurrency: How Bitcoin and the Blockchain Are Challenging the Global Economic Order. New York.

WEAVER, N. Lamont (2014): Altcoins. An Alternative Currency Primer. (E-Book).

WIKIPEDIA (2018): Bitcoin. Abrufbar unter: http://de.wikipedia.org/wiki/Bitcoin.

WIKIPEDIA (2018): Kryptowährung. Abrufbar unter: https://de.wikipedia.org/wiki/Kryptowährung.

Register

Rechtliche Hinweise

Wir sind um die Richtigkeit und Aktualität der in diesem Buch dargestellten Informationen bemüht. Trotzdem können Fehler und Unklarheiten nicht vollständig ausgeschlossen werden. Deshalb übernehmen wir keine Gewähr für die Aktualität, Richtigkeit und Vollständigkeit der bereitgestellten Informationen. Weder Autor noch Verlag können für Schäden haftbar gemacht werden, die im Zusammenhang mit der Verwendung dieses Buches entstehen. Für Hinweise auf Fehler oder Unklarheiten sind wir dankbar. Schreiben Sie uns dazu bitte an info@kemacon.de.

Die Inhalte dieses Buchs dienen ausschließlich der Information und stellen keine Anlageberatung und keine Empfehlungen im Sinne des Wertpapierhandelsgesetzes (WpHG) dar.

Für Inhalte der in diesem Buch abgedruckten Internetseiten sind ausschließlich die Betreiber der jeweiligen Internetseiten verantwortlich. Verlag und Autor haben keinen Einfluss auf die Gestaltung und Inhalte fremder Internetseiten. Verlag und Autor distanzieren sich daher von allen fremden Inhalten.

Texte und Grafiken dieses Buchs sind urheberrechtlich geschützt. Grundsätzlich ist eine Nutzung ohne Genehmigung des jeweiligen Urhebers oder Rechteinhabers nicht zulässig. Alle Markennamen, Warenzeichen und eingetragenen Warenzeichen, die in diesem Buch verwendet werden, sind Eigentum ihrer rechtmäßigen Eigentümer. Sie dienen hier nur der Beschreibung bzw. Identifikation der jeweiligen Firmen, Produkte und Dienstleistungen.

www.ingramcontent.com/pod-product-compliance
Lightning Source LLC
Chambersburg PA
CBHW060012210326
41520CB00009B/864